北野佐久子●

美しいイギリスの田舎を歩く！

集英社be《ビイ》文庫

はじめに

　私とイギリスとの出会いは田舎から始まりました。今でもイギリスに出かけると、ロンドンを飛ばしてすぐに田舎へと向かってしまうのはそのときから始まったことなのかもしれません。

「ハーブ留学」と称して生まれて初めてイギリスに滞在する私を心配して、空港に出迎えてくれたクック夫妻のおかげで、イギリスとの出会いはいきなり2人の自宅があるコッツウォルズのアスコット村から始まったのです。

　ヒースロー空港から車に揺られて窓から見る景色がコッツウォルズに近づくにつれ、蜂蜜色の愛らしい家並み、なだらかな緑の中に草を食む羊、目の覚めるような黄色の水仙の花の群れ、夢でも見ているかのように現れたその愛らしい光景に惹きつけられたのを、今でも昨日のことのように思い出します。

　今のようにコッツウォルズも知られていない20年も前のことですから、クック家での生活はすべてが驚きと、発見の連続でした。チャーチルの生家であるブレナムパレスのあるウッドストックの村にあるパブにランチに行ったこと、クック家も大好きな田舎のアンティークフェアに出かけたこと、バンバリーの町で開かれるマーケットへの買い物、20世帯だけのアスコット村でのガーデンパーティー、どれもが何気ないイギリスの田舎の生活、でも決して観光客では垣間見ることすらできないであろう、イギリスのごく普通の田舎の楽しみだったのです。

そこが私の出発点となって、ホームステイをした、やはりコッツウォルズのストラウドの町を見わたす丘の上に立つハーブ園での生活、ハーブの研究のためのハーブガーデンめぐりで田舎を飛び回ったことが重なり、そのハーブガーデンめぐりの間に楽しんだお茶の時間で隠れたお菓子があることを知ることにもつながりました。さらには大学で興味を持った児童文学の世界が田舎への興味を広げました。ハーブという1つの目的が次々と新たな世界を開いてくれたのですが、それはイギリスの田舎を見出すことでもあったのです。

この本ではそうした長い年月をかけて、私が見出してきたイギリスの田舎の魅力をお伝えできたら、と願っています。

イギリスMAP
スコットランド
エディンバラ
北アイルランド
ベルファスト
ペンリス
湖水地方
（カンブリア）
ハロゲート
ダブリン
シェフィールド
デンバー
ベイクウェル
バーミンガム
ウェールズ
コッツウォルズ
イングランド
オックスフォード
ロンドン
ソールズベリー
カンタベリー
ドーバー
コーンウォール
デボン
ポーツマス
ケント・
サセックス

目　次

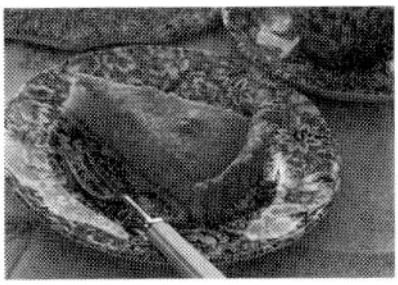

第1章

湖水地方
ピーターラビットと
ポターを追いかけて

ポターの魔法がかかったニアソーリー村

大学の英米児童文学の授業で、吉田新一先生から『ピーターラビットのおはなし』で有名なビアトリクス・ポターとニアソーリー村とのかかわりを教えていただきました。そのときの感動は今も忘れることはできません。

湖水地方にあるその村が、数々のポターの絵本の舞台となっていることを知り、いつか訪ねてみたいと、思いを募らせていました。私がその夢を実現させることができたのは、ハーブ留学でイギリスに滞在していた25歳のときのことでした。

ポターの時代から１００年以上が経った今も、まるで時が止まったかのように残された村は、のどかな、ポターのお話の世界そのものでした。以来その魔法がかけられたような小さな村に、幾度足を運んだことでしょう。

ポター自身は日記の中で30歳で初めて訪れたニアソーリー村のことを「かつて住んだことがないほどほぼ完璧な、こぢんまりとした場所、素敵なオールドファッションな村人たち……」と印象を記しています。

結婚して再びロンドン郊外のウィンブルドンに住み、湖水地方でブルーバッジガイドをするサンダース夫妻と知り合ってからは、ポターにちなんだ場所を地元の人ならではの視点で案内してもらうという、このうえない機会にも恵まれました。「ポターの遺灰をまいた場所はトム・ストーリー以外は知らされていないことになっているけど、この土地の者はみんな知っているんだよ」と言って、ヒルトップに近い、その「秘密」の丘に連れて行ってくれたこともありました。

ポターがヒルトップを購入した１９０５年からの8年間は「マジックイヤー」と呼ばれ、ニアソーリー村を舞台とした絵本を次々と出版していきます。そしてその印税を使ってニアソーリー村の多くを買い取り、遺言でナショナルトラストに寄付していったのです。今もそのままに絵本に描かれた場所が残されているのはそのおかげなのです。

ポターは私たちに絵本という作品だけでなく、開発されては二度と戻らない、その自然、風景までをも私たちに残してくれた、そのことに感動します。魔法はポター自身がかけてくれたものだったのです。

ポターの描いたままのニアソーリー村

ウィンダミア湖畔の町、ボウネス・オン・ウィンダミアから小さなフェリーで対岸へ渡り、ファーソーリーを通り、ニアソーリーへ行く方法が私のお気に入りのコース。何度訪れても、ニアソーリーの包み込まれるような景色が、目の前に現れると感動してしまう

ピーターラビットが
飛び出してきそうな村景色

『パイがふたつあったおはなし』に使われた元郵便局の緑色のドアが見える（左端）。手紙好きのポターは頻繁にここに通っていた

ピーターラビットの
原点となった絵

ポターの挿絵が入った1893年初版『A HAPPY PAIR』（幸せな二人連れ）の詩集。大東文化大学 ビアトリクス・ポター資料館所蔵

初めての印税でポターが買ったヒルトップ農場と家

『ピーターラビットのおはなし』などの絵本で成功を収めたポターがその絵本の印税で購入したのがヒルトップ農場と家でした。ロンドン育ちで庭仕事もしたことがなかったポターが、村の隣人から苗を分けてもらったりして自ら造り上げたボーダー花壇は、まるで前奏曲のように色とりどりの花で家までの小道を飾っています。その様子は『こねこのトムのおはなし』に描かれていますが、家の一部として、家の趣にふさわしい古風なコテージガーデンを思い描いてポターによって造られたようです。ヤローやセージといったハーブも溶け込むようにその庭に植えられていますが、その裏づけにはポターが仕事をしていた書斎に展示されているジェラードの『ハーバル』（本草書）も関係しているのかもしれません。ジェラードの『本草書』は１５９７年に出版、トーマス・ジョンソンによって１６３３年に改訂されましたが、英語で出版された最初のハーブや植物書として名高い書物です。ポターが所有していたものはその１６３３年に出された改訂版です。ポターのハーブの知識の源だったのかもしれません。

ポターが39歳でニアソーリー村に購入した農場つき農家、ヒルトップ。同年に婚約者を突然の死で失い、その悲しみを紛らわすように増築などに没頭した。ロンドン生まれのポターは亡くなるまでの後半生をこの村で過ごした

『こねこのトムのおはなし』の舞台

ヒルトップのドアは絵本そのまま。トムのお母さんがマフィン用のフォークを持って、今にも顔を出しそうだ。かつては正面入り口として使われていた白い門は、塀によじ登ったいたずらなトムたちの様子と共に描かれている

ヒルトップの入り口にあるショップ

ここでは、研究書から他では売られていないぬいぐるみなどの限定グッズまでそろっている

『あひるのジマイマのおはなし』の舞台

ポターの遺灰がまかれたというジマイマの丘からはポターが湖水地方でいちばん美しいと言ったエスウェイト湖が眺められる

『あひるのジマイマのおはなし』に描かれた村唯一のパブ

村唯一のパブ、「タワー・バンク・アームズ」は『あひるのジマイマのおはなし』に描かれ、建物そのものがナショナルトラスト所有になって守られている珍しいものです。

パブ（Pub）というのは、アメリカではバー、フランスではカフェ、日本でいえば「一杯飲み屋」となるとあります。けれどもパブには飲むだけでなく、このタワー・バンク・アームズのような田舎にあるパブでは、家庭的な食事を出すところも多く、私はそういった料理が大好きなのです。

ポターの時代に35年間にわたりこのパブを経営していたバーンズ夫妻の娘さんであるウィロー・テイラーさんに、１９９９年に参加したポター・ソサエティーのコンフェランスでお会いしたことがあります。今は湖水地方の老人ホームで暮らしているウィローさんですが、自伝ともいえる『Through the pages of my life』という本を出版したばかりでした。その本は、２００１年に湖水地方の推薦図書として賞をとっていますが、この本の中には当時の隣人であったポターのことも書かれているのです。

ポターとウィローさんの母親とはとても仲がよく、ヒルトップとタワー・バンク・アームズとの境にあるフェンス越しに毎日のようにおしゃべりを楽しんでいたとか。けれどもポター自身がパブに来ることはめったになく、来るときは決まってウィローさんの父親に「この子が悪いことをした」と、文句を言ったといいます。ウィローさんは、本の中でポターについてこう書いています。

「ポターは子供というものを理解していなかったと思います。なぜならポターは学校も行かず家の中で家庭教師について勉強をしていたわけですから、子供時代に同じ年代の子供と遊んだこともなかったのです。でも皆さんはポターは子供のお話をたくさん書いたではないかとおっしゃるでしょう。私が思うにはポターが書いた数々のおはなしは、自分自身のために、その味わうことのなかった子供時代のギャップを埋めるためのものだったと思うのです」と。

ウィローさんのような生身のポターを知る生き証人のような人も、もはや少なくなってきています。ウィローさんが77歳にして書いたこの本は、ポターを知るうえでのとても貴重な資料にもなっているのです。

村で1軒だけのパブ「タワー・バンク・アームズ」

ヒルトップ隣のパブ。この地方名物のカンバーランド・ソーセージやトフィー・プディングなど昔ながらの味を楽しめる

『パイがふたつあったおはなし』の舞台に泊まる

犬のダッチェスがお茶会の招待状を受け取るところがバックルイートの前庭に描かれている。今はティールームを兼ねたB&B。オーナー夫妻が温かく迎えてくれる

ハイグリーンゲートのティータイム

『ひげのサムエルのおはなし』でバレイショさんの住んでいた家が、今ではB&B兼ティールームに。手作りのお菓子が魅力

今は亡きモリーさんのティールーム

「ポターさんは毎週金曜日にポークパイを買いにこの店に来たのですよ」

当時を懐かしむように話すモリーさんの姿を忘れることはできません。たった1人でティールームを開いていたモリーさん。生前のポターを知る数少ない1人でした。

ポターはニアソーリー村のほとんどの風景を絵本に描き込んだのでしたが、モリーさんの住むこのアンヴィル・コテージだけはなぜかポターから無視されていた存在でした。モリーさん一家の前にこの家に住んでいた住人にポターが腹をたて、それからずっとこの家のことを嫌っていたようです。

モリーさんの母親は村で1軒だけのパン屋さんを営み、パンをはじめスコーンやケーキなども売っていました。１９３６年にそのお母さんが亡くなると、すでに結婚をしていたモリーさんは、この家でＢ＆Ｂとティールームを開いたのです。昔からの古く大きなアガーオーブンで焼いた焼きたてのケーキの味はそういった話を聞くといっそう深い味わいがしたものでした。そのモリーさん

参考:『ピーターラビットの世界』吉田新一著　日本エディターズスクール出版部

も1999年に亡くなり、ティールームは跡形もなくなってしまいました。今はベビーカーが玄関先に置かれているのを見ると、若い家族が住んでいるのでしょう。その家の前を通ると、あのひとときがいとおしく、モリーさんの笑顔が浮かんでくるのです。

思い出のモリーさんのティールーム

昔ながらのアガーオーブンで手作りのお菓子を焼き、自宅の居間を開放してティールームにしていたモリー・グリーンさん。その温かいお菓子の味わいももはや思い出になってしまった

エスウェイト湖の眺めが魅力のイースワイク

ポターがニアソーリー村を初めて訪れたのは30歳のとき。そこで滞在したのがレイクフィールド邸。今ではイースワイクというカントリーホテルになっている。結婚後新居となるキャッスルコテージの改装が終わるまで、ポターはここに滞在するほど気に入っていた

イースワイクからの美しすぎる眺め

エスウェイト湖は『ジェレミー・フィッシャーどんのおはなし』の舞台になっている。ニアソーリー村を登ったモス・エークル・ターン（下）ではポターは夫とボートを楽しんだ

ホークスヘッドの町で今も食べられるシードウィッグ

「いくつもの冒険をした。道に迷ってばかりで、3回も道を聞いた。どの農場でもコリーに吠えられ、スタイル（踏み越し台。牧場の柵や壁などに人間だけが越せて家畜は通れないように設けた階段、または木戸）につかまり、一度牛に追いかけられた」

　ポターは初めてホークスヘッドに行ったときのことを日記に記しています。それは夏のホリデーとしてレイ・キャッスルに滞在していた１８８２年8月19日のこと、ポターは16歳でした。

　ポターの絵本の中に描かれ、この町で食べることができるものは何でしょうか。『「ジンジャーとピクルズや」のおはなし』の中で、行商人が売りにくる品物の中に「〝seed wig〟, and sponge-cake and butter-bun」（シードウィッグ、スポンジケーキ、そしてバターバン）とありますが、その中のシードウィッグが今でも食べられる、その名も「ウィッグ」というティールームがこの町にあるのです。

邦訳ではこのシードウィッグが「かしパン」と訳されているため、原文で読まないと気がつかないことが多いかもしれません。

シードはすっきりとした香りが特徴のスパイス、キャラウェイシードのこと。そもそもこのウィッグは、クリスマスにエルダーベリー・ワインなどに浸しながら食べる習慣がありました。本来はイーストを使ったパン生地で作り、焼きたての温かいうちに湖水地方名物のラムバターを塗って楽しんだとか。

ヒルトップを購入したポターは、絵本の成功から得た印税を資金に、土地や家屋を購入しますが、その世話をしたのがこの町に事務所を構える弁護士、後に夫となるウィリアム・ヒーリス氏でした。

『パイがふたつあったおはなし』では、猫のリビーがお茶会のための買い物にやって来るのが、いとこのタビタが経営する店で、そのモデルとしてヒーリス氏の事務所が使われています。

ポターも買い物や、この事務所を訪ねるためホークスヘッドの町へは頻繁に出かけていたといいます。大好きなシードウィッグをこの町で味わうのも楽しみにしていたのかもしれません。

ホークスヘッド村に残るポターの絵本の世界

夫となったヒーリス氏が事務所を構えていたホークスヘッド村。事務所は現在ポターの原画を展示するギャラリーになっている。『パイがふたつあったおはなし』に描かれ、『まちねずみジョニーのおはなし』にもこの村が描かれている

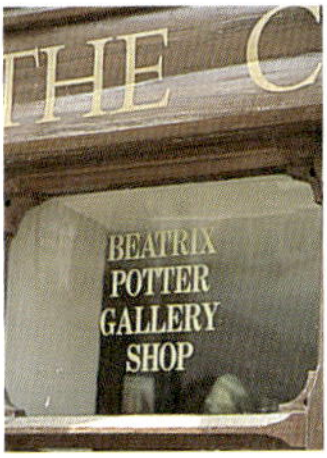

カントリー・ウーマンとしてのポター

ポターの時代から続いている羊の品評会。ポターは湖水地方で最も信頼されたハードウィック種羊の専門家だった

ウィッグは
スープと一緒に

ホークスヘッドにあるウィッグの食べられるカフェ。その名も「ウィッグス・カフェ」 このメニューのレシピはP172、173です

家庭の温かさが漂う
プディング

湖水地方名物、スティッキー・トッフィー・プディングはカートメル村が発祥の地。今では1軒だけがこの味を守っている。機内食のような容器に入ったプディングを温めて熱々をいただく

サラ・ネルソンズが考えた硬いジンジャーブレッド

ワーズワースの眠る墓地の隣にある、グラスミアの小さなジンジャー・ブレッドの店、サラ・ネルソンズ。1855年に山越えをする人人の栄養源として携帯に耐えられる硬いジンジャーブレッドを家の前で売り出したのがこの店の始まり。レシピは「企業秘密」のまま

自然を楽しむお気に入りのティールーム

ボローデールの手前、グランジ・イン・ボローデールにあるティールーム。山歩きをする人々の絶好の休憩場所になっている

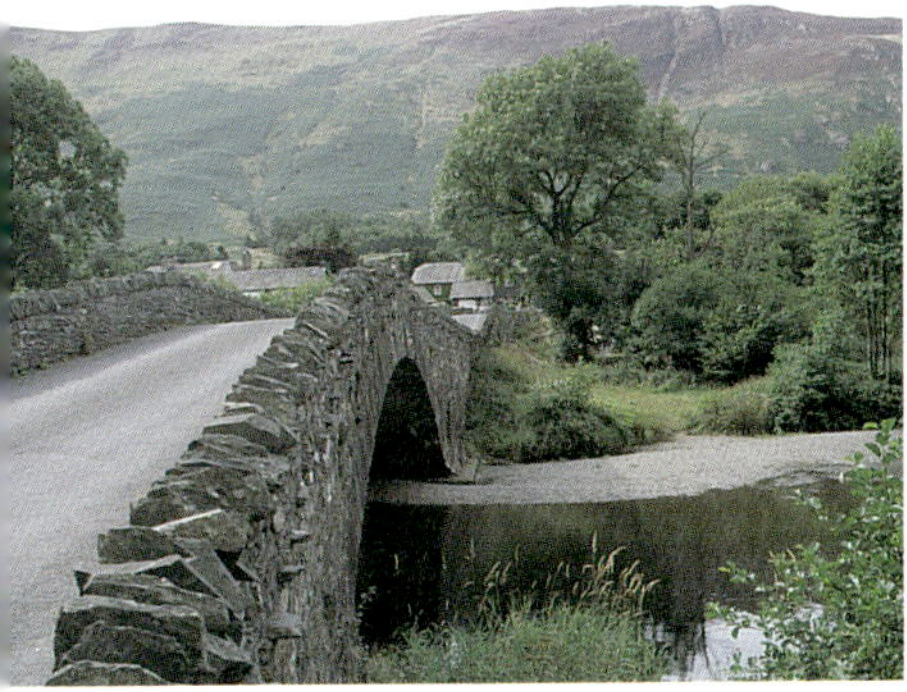

ポターの自然保護活動の象徴、ユーツリー・ファーム

「本物のカンバーランド地方特有のドレッサー（食器棚）を見つけた。しかもとても状態がよい。リンデス・ハウ（Lindeth How　父親が亡くなった後、ポターが母親のために用意した家）から持ってきた水彩画をかけ、壁を埋め尽くした」（ポターの日記より）

湖水地方の自然を開発から守るため、ポターのナショナルトラストへの貢献はよく知られていますが、土地ばかりでなく、そこに住まう人々の生活までも含めて守ろうとしたことは、あまり知られていないように思います。

ユーツリー・ファームはポターの所有した農場の中でも特に有名です。１９００年代初めの大不況期にあって、農家の収入は減り、農場経営だけではやっていかれない状況でした。ポターは、これまで見たこともない増加が見られる観光客をとらえて収入につなげるべきと考え、そこでユーツリー・ファームを地元の店で見つけたアンティークの家具で自ら調え、ティールームを開かせたのです。このようにポターは現実的な自然保護者であり、農場のテナント

たちに観光客を受け入れるように励ましたのです。

２００３年夏、そのユーツリー・ファームを私は訪ねました。今のテナントはジョンとキャロラインという若いカップル。夕方で、ご主人のジョンは昔ながらに牧羊犬をつかって羊たちをトラックに入れ、コニストン湖へ放牧しにいくところでした。ここではポターが愛したハードウィック種の羊を飼育しなければならないという決まりがあるのです。

奥さんのキャロラインは牧羊の手伝いをしながら、アンティークの家具を愛したポターの趣味が生かされた、そのままに残るダイニングルームで、ティールームを開く夢を語ってくれました。そして今、それが現実となっています。

牧羊を営みながら現金収入の必要性を唱えていたポターのアイデアは、１００年経った今でもこうして若いテナントによって守られ、その生活を助けています。湖水地方の暮らしを守り、それが自然全体を守ることにつながっていくことを見通していたポターの先見の明の鋭さに感動を覚えるのです。

ハイ＆ロー・ローンスウェイト・ファーム

かつてポターが所有し、今ではナショナルトラストが保存している農場を営む農家はＢ＆Ｂも営んでいる。私も家族で泊まり、その雰囲気を味わった

写真協力：ユーツリー・ファーム

ポターの遺志を継ぐユーツリー・ファーム

ポターがティールームを開くように用意した食器棚は今もそのまま。若い夫婦がその遺志を受け継ぎ、牧羊、ティールームに精を出す

『ベンジャミンバニーのおはなし』を構想したフォウ・パーク邸

　隣のリングホーム邸では9回も夏を過ごしているのに、このフォウ・パーク邸にポター一家は１９０３年のひと夏だけ、避暑のために3ヶ月間滞在しています。いかめしい門番小屋があるような、暗い雰囲気の屋敷が気に入らなかったのかもしれません。ポターはここに滞在したその夏には『ベンジャミンバニーのおはなし』を構想していたので、このフォウ・パーク邸の庭をたくさんスケッチしています。

　２０００年の夏、ポター・ソサエティーのコンファレンスに参加したときのことです。「アウティング」と称する講演の間に設けられた、息抜きを兼ねた「ミニ遠足」で、私邸であるため一般は入ることはできないフォウ・パーク邸とリングホーム邸を見学することができました。ダーウェントウォーター湖を望む芝生や花々を植えた花壇の他に、果樹園、キッチンガーデン、ガラスの温室、苗床、植え替えをするための小屋など今もそのまま、それは『ベンジャミンバニーのおはなし』に描き込まれて残されています。

ブラウンじいさまが住むふくろう島

『りすのナトキンのおはなし』ではこのダーウェントウォーター湖にぽっかりと浮かぶセント・ハーバート島を目指して、ナトキンたちが筏で出かける場面が印象的

絵本の背景となった フォウ・パーク邸

『ベンジャミンバニーのおはなし』の舞台として使われたフォウ・パーク邸には、今もあちらこちらに年月の経過が感じられない、ポターの絵本の背景が残っていて、ポターのスケッチの精密さに驚いてしまう

ふくろう島がよく見える
リングホーム邸

『りすのナトキンのおはなし』はリングホーム邸の庭園が舞台。うっそうと木々が茂る庭園を下ったところがダーウェントウォーターの湖畔になっていて、そこに立つと、ふくろう島がよく見える

荒涼とした山あい
ニューランズ・バレー

『ティギーおばさんのおはなし』の舞台、ニューランズ・バレーはニアソーリー村とは異なり、吸い込まれそうに荒涼とした山間の地。ダーウェントウォーター湖の西側、湖水地方のシンボルであるキャットベルズの山を望むことができる。ルーシーちゃんの住んでいる家のモデルも残っている

『りすのナトキンのおはなし』のリングホーム邸とふくろう島

ポター・ソサエティーのミニ遠足で、フォウ・パーク邸に続いてリングホーム邸を訪れたときには現在の所有者で、貴族でもあるロチデイル卿が自ら案内をしてくれました。ここは『りすのナトキンのおはなし』の舞台に使われたところです。

ロチデイル卿は大きな写真を持って現れます。その写真とは、今わたしたちが立っているのと同じ玄関の扉のまえで１８８７年に撮られたもの。中央に父親のルパート、左に弟のバートラム、右にポターが座っている写真です。まだ21歳の少女のように愛らしいポターが写っていました。その玄関からぐるりと建物を回った南側は、家族がくつろぐ広い芝生の広がる庭になっています。かつては『ピーターラビットのおはなし』の中でマクレガーさんの畑のモデルともなった野菜畑があったそうですが、今では跡形もありません。どんな野菜畑だったのか見てみたかったものです。

りすのナトキンたちは、このリングホーム邸のある湖畔からふくろうのブラウンじいさまが住んでいるふくろう島へと筏をこいで渡ります。

　ふくろうのブラウンじいさまの住むふくろう島は、セント・ハーバート・アイランド（St.Herbert's Island）と呼ばれている島です。

　このうっそうと木が茂った、こんもりとした緑の島は、ナショナルトラストの所有になっていて、手こぎボートか、モーターボートを自分で運転してケジック側の湖畔から行くことができるとのこと。まだ行ったことのないこの島への冒険はわくわくします。いつか実現させてみたいものです。

　ニューランズ・バレーは、ダーウェントウォーター湖の西側に広がる山の狭間の地『ティギーおばさんのおはなし』の舞台をなったところです。ポターはいつもの長いスカートをはいて、山々の間を自分の気に入った景色の角度が決まるまで歩きまわり、それからスケッチに入りました。フォウ・パーク邸からポニーに乗って来たこともあるようですが、それでもこの険しい道では容易ではなかったに違いありません。その息を呑むような、荒涼とした地のスケルギル（Skelgill）という村にひっそりと建つ白壁の農家が主人公ルーシーちゃんのお家です。標識もないような小さな村ですが、絵本そのままに残っています。

4つ星ホテル
ストールズ・ホテル

この館はジョージ王朝風建築の中でも貴重な邸宅の1つ。フェリー乗り場に程近い湖岸に建つ。優雅なアフタヌーンティーを楽しめる

お気に入りの従姉の家
ヘアズクーム邸

ポターの従姉キャロラインが住み、ポターがたびたび訪れていたヘアズクーム邸。『グロースターの仕たて屋』の元となる話を滞在中に聞き、絵本の着想をしたという。台所では昼食のトード・イン・ザ・ホールを用意していた

レシピはP181参照

『りすのナトキンのおはなし』を着想した館

ポターの従姉、レディ・ハイド・パーカーの美しい邸宅メルフォード・ホール。現在はナショナルトラストが管理し一般に公開されている。ポターが滞在した部屋もあり、ナトキンのおはなしをここで着想したといわれる

ラベナム村のティールーム

メルフォード・ホールのあるサフォーク州ロングメルフォード村の隣に位置するのがラベナムという村。チューダー朝の建築が軒を連ね、中世の羊毛で栄えた時代を彷彿とさせる
↓レシピはP184参照

北ウェールズの屋敷も庭も絵本の中に

北ウェールズ、デンビーに近い叔父の屋敷、グウェニノグ。ここの庭は『フロプシーのこどもたち』の舞台に使われ、またヒルトップのイメージにもあった

ポターが何度も訪れたヘアズクーム・グランジ邸

『グロースターの仕たて屋』そのお話の元となった不思議な話をポターが耳にしたのは、従姉のキャロラインが住むヘアズクーム・グランジ邸に滞在しているときのことでした。２００３年の夏、思いがけずそのヘアズクーム邸を訪ねることができました。出迎えてくれたのはポターの従姉であるキャロラインが大叔母にあたるという同名のキャロラインという大柄の女性でした。「部屋は25室あるけれど、どの部屋にポターが泊まったかという記録はどこにも残っていないわ。ポターは１８９４年以降、何度もこの家に遊びに来ているのに、従姉ですら一度もロンドンの自分の家に招待することはなかったのよ」と不服そうに話すキャロライン。彼女はこうした裏話だけでなく、ポターが滞在していた頃と変わらないビクトリア時代のままの大きな台所や庭園までていねいに案内してくれたのでした。『グロースターの仕たて屋』が絵本の中でも自分のお気に入りだったというポター。それは、この邸での滞在が楽しかったことを裏づけているに違いないとも思うのです。

参考:『ビアトリクス・ポター ── 描き、語り、田園をいつくしんだ人 ──』
ジュディ・テイラー著　吉田新一訳　福音館書店

湖水地方の帰りに寄りたいティールーム

ヨークシャー州・ハロゲートにある老舗「ベティーズ」。店から溢れる行列がその人気を物語る。ヨークシャー州以外には支店を出さず、頑なに昔からの地の味を守っている。カードチーズタルト、ファット・ラスカルが名物　レシピはP180参照

失敗から生まれたお菓子

ダービシャー州の小さな村ベイクウェルでは、この村で生まれ、ここでしか味わえないベイクウェル・プディングが有名。その味はパイ皮の中に入ったプリンのようだ。近くにはピーク・ディストリクト国立公園が広がり、一面にヒースの花が紫色に煙る荒野にもなっている

北ウェールズにあるポターゆかりの家へ

ビクトリア時代の女性としては珍しく、ポターはあちらこちらを旅行したのだな、とその足取りを辿ると感心してしまいます。ポターが初めて両親の許しを得て外泊した館は、サフォーク州のロング・メルフォード村にある従姉、レディ・ハイド・パーカーの邸宅、メルフォードホールでした。

今ではナショナルトラストの所有となっていますが、「ポターが滞在した部屋」が残されています。真紅のカーペットを敷き詰めた明るい部屋に、白いレースの天蓋のある大きなベッドが置かれ、優雅な雰囲気。この部屋に滞在中に『りすのナトキンのおはなし』を着想したといいます。

北ウェールズへと旅行に出かけたのは、ウィンブルドンから夏休みを利用してのことでした。北ウェールズにはそれまで一度も行ったことがなかったので、スノードニア国立公園を中心に旅行の計画をたてることにしたのです。北ウェールズは、19世紀の産業革命のときも工業化から取り残されたおかげで、豊かな自然環境が残されている、貴重な場所です。イングランドとウェールズの中では最も高い山、標高１０８５メートルあるスノードン山がそびえ、その頂上までは小さな蒸気機関車が、緑の山肌を愛らしい姿で走っています。本当に現代なのか、と錯覚を覚えるほどに、のどかな風景が広がっているのです。この山は神秘な霊のすむところと信じられ、ロマンティックな物語の舞台としても使われたものでした。

　この旅行の計画を始めてすぐに思いついたことは、ポターがたびたび訪れていたというウェールズに住む叔父さんの家を訪ねてみたいということです。全部で5冊あるウサギ物の絵本の1冊『フロプシーのこどもたち』の背景として、その叔父さんの家の庭が使われていることを知り、その舞台を自分の目で見てみたくなったのです。ポター・ソサエティーの創立当初からのメンバーで、研究者でもあるアイリーン・ウォーリーさんに住所を教わり、当時の家主であるバートン家に手紙を書き、デンビーの村に近い片田舎であるグェニノグというお屋敷を訪ねました。芝生の広がる庭やマグレガーさんの納屋が絵本の中の絵と重なります。人との交流の温かさ、時間をかけてやっと訪ねたその場所での思い出は忘れることができません。

ダービシャーでしか食べられないベイクウェル・プディング

湖水地方からロンドンまでの車でも5時間くらいかかる、その帰り道にちょっと一息入れるためによく立ち寄ったのはダービシャーやヨークシャー地方でした。その地方ならではの思いがけない味に出会ったものです。

ベイクウェル・プディングもその1つ。その名のとおり、ダービシャーの町、ベイクウェルが発祥の地です。19世紀半ば、宿屋兼食堂の「ルートランド・アームズ」で新米のコックさんがジャムタルトを作るように女主人から言われました。ところが誤って作り方の順序を逆にしてしまい、パイ皮にジャムを塗り、バターと卵のミックスをその上に流し入れて焼いたのです。失敗から生まれたもののお客さんには好評で、以来この町で作られ続けている、この町でしか食べられないお菓子になっているのです。

ヨークシャーにあるハロゲートはかつて温泉で栄えた今でも洒落た感じのする町。行列の絶えないティールーム「ベティーズ」は、カードタルトやラスカルなどこの地に伝わるお菓子の味を守り続ける老舗です。

そこかしこに息づく ポターの絵本の世界

ニアソーリー村は100年前にポターが絵本の舞台として使った景色や建物がそのままに残る宝箱。絵本片手に歩きたい

ダーウェントウォーター湖に浮かぶふくろう島

「私はインヴェント（想像で作り出すこと）できない、コピー（写すことを）する」というポターの言葉は、湖水地方において、絵本に描かれた景色、建物などのモデルがすべて実在することを裏付けています。娘が幼稚園のときには福音館書店のピーターラビットの絵本ミニチュアコレクションをリュックに入れて、ニアソーリー村に滞在し、村とその周辺を歩き、絵本の舞台めぐりをしたこともあります。小さな娘は絵本の中の舞台の背景となったところで、そこに描かれた動物と同じポーズをしてカメラに収まりました。実物の絵本の絵とその絵と同じところに立つ娘の写真を並べて作品集に仕立て、幼稚園に提出したこともありました。『こねこのトムのおはなし』それをはじめとする8作品がヒルトップやニアソーリー村周辺、隣のホークスヘッド村を舞台にしています。

こうしたニアソーリー村とその周辺が第1の絵本の舞台としたら、第2の舞台は湖水地方北部にあるダーウェントウォーター湖周辺といえるでしょうか。『りすのナトキンのおはなし』はリングホーム邸の湖畔が舞台ですが、その中に描かれている「ふくろう島」には思い出があります。リングホーム邸とは対岸にあたるケズイック側のフライアーズ・クラッグ（Friars Crag）から眺めるだけでは満足せず、ダーウェントウォーター湖全体として眺めてみたくなって「Latrigg（ラトリグの丘）」という「ビューポイント」（眺めの良い場所）として地図にも記されている場所にまで登りました。一面にヒースの花で紫色に煙る山の斜面を眺めながら、羊が草を食む中を通るフットパスを丘の端まで歩きます。ウォーキングに出かける人のために駐車スペースも用意されているので安心です。息を呑むような、緑あふれる中にダーウェントウォーター湖がきらきらと輝き、その中にあのふくろう島がぽっかりと浮かぶ景色が眼下に広がりました。農家もまるでドールハウスのように緑の中にちりばめられています。陽の光によって移り変わるその緑のグラディエーションの美しいこと。ポターがもたらしてくれたまさしく至福の時でした。

湖水地方MAP

43
42
M6
41
ダーウェントウォーター湖
40
ペンリス
グラモックウォーター湖
ウルスウォーター湖
ボローデール
エナデール湖
トゥビルメール湖
39
グラスミア
アンブルサイド
38
ホークスヘッド
ケンドール
ユーツリー・ファーム
ウィンダミア湖
コニストンウォーター湖
37
ニアソーリー
リーベンスホール
36
カートメル
M6
35
34

ポターの環境保全の投資と労力によって守られた湖水地方

裕福な中産階級であったポターの家族は、夏の間２、３ヶ月はスコットランドで過ごしていました。ところが毎年借りていた家が法外な家賃を要求してきたことから、ポター一家はスコットランドから湖水地方へと場所を変えることになります。

それが１８８２年、ポターがまだ16歳のときのことでした。レイ・キャッスルというその名が表すように、凹状の銃眼まで付いたノルマン様式風のお城のような、大きな建物でした。とても家族４人が、避暑のために借りる家とは想像しにくいほど、広大なものです。

ホークスヘッドからニアソーリー村へ向かう途中、そのレイ・キャッスルへマルコムさんが連れて行ってくれたのですが、その建物の大きさは前に立ってみると、圧迫感があるほどです。今は電子情報通信を教える専門学校が入っています。

その初めての滞在でポターは運命的なローンズリー牧師との出会いを果たし

ます。彼はこの土地の牧師であり、ナショナルトラストの創立者の１人となった人です。またポターの才能を早くから認め、最初の作品である『ピーターラビットのおはなし』の出版を援助した人でもありました。今や世界的に有名な、自然、歴史的遺物の保護団体であるナショナルトラストは、１８９５年にローンズリー牧師を含めたった３人で始められたものだったのです。ポターの父親はその終身会員となり、ポターもその活動に賛同し、生涯にわたって貢献したのです。

　１９０５年に39歳でヒルトップの農場と農家を購入してから47歳で結婚し、１９４３年に77歳で亡くなるまで、その後半生で買い求めた４３００エーカー（約５３０万坪の土地）、15の農場、20戸のファームハウスを遺言でナショナルトラストに寄付したのです。その結果、ポターの愛した湖水地方は絵本の世界そのままに永久に残されることになったのです。絵本作家から牧羊家となり、その陰で将来を見据えた湖水地方の環境保全に投資と労力を惜しまなかったポター。その生き方に、同じ女性として深い感銘を覚えるのです。

ニアソーリーMAP

ニアソーリー村
ポターが絵本にそのまま
描いた美しい村

21. High Green Gate
22. Belle Green
23. Barn opposite Castle Farm ~ Stoney Lane
24. Croft End
25. Stoney Croft
26. The Forge
27. Rose Cottage
28. Meadowcroft
29. Hoopers Cottage
30. Low Green Gate Cottage
31. Low Green Gate (roofs of 32 and 33 behind)
34. Castle Cottage
35. Post Office Meadow

1. Hill Top
2. Entrance Lodge
3. Tower Bank Arms
4. Sawreycroft
   (site of orchard)
5. Buckle Yeat
6. Barn on the car park
7. Courier Cottage
8. Sawrey House Country Hotel
9. Quarry
10. Crossroads
11. Jemima's Bridge
12. Low House
13. Esthwaite How Farm
    Coach House
    Garth Cottage
14. Sunnyside
15. Garth Cottage
16. The Garth
17. Lakefield Cottage
18. Lakefield Ees Wyke
19. Tower Bank
20. Anvil Cottage

第2章

コッツウォルズ ウィリアム・モリスの面影を求めて

ファーム」。65000坪の広さを持ち、35種の異なる品種が紫に香っている

写真協力：スノーヒル・ラヴェンダー・ファーム

2000年にブロードウェイの村を見下ろす丘に誕生した「スノーヒル・ラヴェンダー・

KELMSCOTT
MANOR
THE COUNTRY HOME OF WILLIAM MORRIS
ADMISSION PRICES
ADULTS

モリスのデザインの源
ケルムスコット・マナー

The Society of Antiquaries of Londonが所有・管理し、一般に公開している。「まるで土壌から生まれ出たかのよう」とモリスが形容しているように田園ののどかな風景に溶け込み、室内はモリスの作品でまるで今も住んでいるかのように整えられている

モリスの世界、ケルムスコット・マナー

１９９６年に「ウィリアム・モリス没後１００年記念展」がロンドンのビクトリア＆アルバート博物館で開かれたとき、ウィンブルドンに住んでいた私は、幸運にもそのすばらしい展覧会を見ることができた1人でした。その記念展には50万人もの来場者があり、今もなおモリスへの興味の高さがうかがえたものでした。そして、壁紙だけでなく、タイル、チンツ（さらさ木綿）などのプリント、織物のデザイン、ステンドグラス、家具においてはアートディレクター、書物芸術ではモリス書体という活字を生み出し、本作りをし、また独学でカリグラフィーもこなしました。一方、詩人でもあり、中世の職人の手仕事を復活させようとする「アーツ＆クラフツ（芸術、手仕事、工芸）運動」の主導者であり、モリス商会を経営するビジネスマンでもあったというモリスのさまざまな顔をそのおびただしい数の作品を通して浮き彫りにするものでした。

　そんな多才なモリスが「地上の楽園」と評し、１８７１年から3年間過ごしたケルムスコット・マナーはコッツウォルズの南端の小さな村にひっそりと佇

んでいます。展覧会の成功からこの家にも人々が押し寄せ、その人込みを嫌って私は長いこと訪ねられずにいました。

2003年、ようやくその夢は実現したのですが、ケルムスコット村そのものがモリスの世界、夢のように美しい村でした。1570年に建てられたこの地方独特のライムストーン造りのファームハウス、敷地の中にはテムズ川からの小さな支流が流れ込み、庭はまっすぐな歩道と古いイチイの生垣で分けられた「部屋」があり、モリスの理想そのものだったようです。常に自然を手本にデザインをしていたというモリスの創造の源がここにあるかのようです。穏やかに流れる川辺を歩くと、大きな柳の木がその枝を水面に揺らしながら、風に吹かれている光景にはっとしました。

調べてみると、あの有名な「柳の大枝」のデザインはこの木をモリスが綿密に観察した結果生まれたものであることがわかったのです。娘メイ・モリスも伝記に「我が家の柳の木の、鋭く観察された結果の表現が、多数のロンドンの居間を覆ったのだった……」と記しています。モリスの壁紙、テキスタイル製品の中にここでの草花や木々が永遠の命を与えています。

 参考文献:『ウィリアム・モリスの庭』ジョン・シモンズ他著　鶴田静訳　東洋書林

新婚時代のモリスが過ごした家、レッドハウス

ガイドの説明によると、暖房設備が考えられていなかったこの家は冬は寒く、モリスは持病のリウマチを悪化させ、彼にこの家を去り、ロンドンに戻る決心をさせたという。わずか5年間の生活の後、この家は売られ、その後建築家など何人も所有者を変えたが、モリスを讃えて家はほとんど手が加えられることなく残された

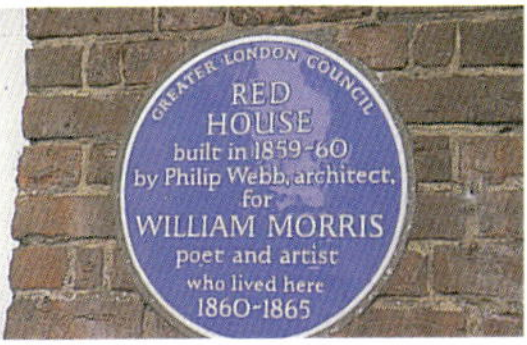

アーツ＆クラフツ運動の作品として現存する家、スタンデン

弁護士ジェーム・ビールと刺繍家の妻マーガレット、7人の子供たちのために1892〜94年にかけて建てられた。建築はモリスの同僚で友人のフィリップ・ウェッブによる。内装や12エーカーに及ぶ庭はすべてモリス商会が手がけ、家具や壁紙もモリスのデザイン。「美しいもの以外は家の中に持つな」という彼の言葉が思い出される

モリスが新婚時代を過ごしたレッドハウス

結婚後12年経って妻と娘たちのために見つけた家がケルムスコット・マナーなら、１８６０年、新婚のモリスが新妻のジェインのために自ら建て、5年間を過ごした家がレッドハウスです。

　モリスが去ってから、この家は１５０年間個人の所有であったため、見ることはできませんでした。その封印が解け、２００３年にナショナルトラストに寄贈され、わずか半年後に公開されたのです。これから調査をしてモリスが住んでいた当時の家や庭に再現していくわけですが、その前の様子を見てもらおうという、ナショナルトラストの粋な計らいから実現したものでした。

　公開の方法も指定された時間に予約した8人が一組となってガイドの解説を聞きながら見学するというものでした。私は日本から国際電話で事前予約をし、ケントのベクスリーヒースという小さな村に向かったのでした。そこは住宅街の中にあり、木の塀のむこうに家があるとは考えられないくらい、うっそうと木々に囲まれたところでした。

この家の設計・建築をモリスと共に行ったのは、フィリップ・ウェッブ。ウェッブは、画家のバーン・ジョーンズ、ロセッティと共にモリスが始めた「モリス・マーシャル・フォークナー会社」の創立メンバーとして活躍し、終生の同僚であり、友人であった人物です。

家と庭を統一するという２人の共通の理想から、モリスはアーツ&クラフツ運動の庭のための原型をこのレッドハウスにおいて造り上げますが、中世の庭に魅了されていたことから中世画に多く見られるトレリスを好んで取り入れました。トレリスにからまるバラの花をスケッチし、鳥の絵は鳥や昆虫など生き物の絵が苦手であったモリスに代わって写生の得意なウェッブが描いて生まれたのが、最初の壁紙のデザイン「トレリス」。私も好きな図案の１つです。

このモリスとウェッブの共同作業は、「スタンデン」も含めモリスの死によって終わりを告げるまで続きます。サセックス州の丘に建つ「スタンデン」は、ロンドンの弁護士の別荘としてウェッブがその設計をし、内装はすべてモリスのデザインによる家です。この２人の絆はウェッブがモリスの墓のデザインをするほどまでに深いものだったのです。

アンティーク通りも有名な坂道の村・バーフォード

コッツウォルズ丘陵のほぼ中央に位置し、なだらかに下るハイストリートの両側にアンティークショップなど愛らしい店が並ぶ絵画的な村。2003年にイギリスでアンティークの買いものができる最も優れた通りに選ばれた

ベッドに置かれたテディベアが可愛いホテル

ハイストリートの中心にあるのがタウンハウス・ホテル、「バーフォード・ハウス」

我が家のようにくつろげる居心地のよさが魅力

部屋数8室だけの家族経営のホテルだけあって、家庭的な雰囲気が魅力。大通りの喧騒を感じない居心地のよい中庭では、ハンギング・バスケットの花々に囲まれて朝食や午後のお茶が楽しめる

イギリスで最も美しい村
バイブリー村

何度訪れてもまた行きたくなる村、バイブリー。コルン川で釣れるマスでも有名。橋のたもとにあるスワンホテルではマス料理が名物になっている

落ち着いた大人の村
ブロードウェイ

フィッシュ・ヒルを下れば、そこがブロードウェイの村。道端にラベンダーの花がひっそりと香っているような静かな村

重厚なエレガントさが
香るホテル

ブロードウェイの村でひときわ有名なマナーハウス、リゴン・アームズ。どっしりとした門構えがその風格を感じさせる。朝食にスモークド・ハドックを頼んだら、種が落ちないように半割りにしたレモンがガーゼに包まれ、茶色のリボンで愛らしく結んであった

ピクニックに最適なアッパー・スローター

スローター（slaughter）はアングロサクソン語のslohtre「湿地帯」に由来しているとのこと。かつてはアイ川が村中に広がって湿地になっていたのかもしれない。ピクニックをしながら娘はのどかなアイ川で水遊びをしたこともある。川沿いの遊歩道を歩き、水車小屋を通りロウワー・スローターへ散策もできる

ラベンダーの小道が香るマナーハウス

チッピング・カムデンの村に近い丘の上に建つマナーハウス、チャリングワース・マナー。朝日に染まるとき、夕暮れどきのここから見下ろすなだらかな緑の丘の眺めは例えようもないほど美しい

モリスの愛したバイブリー村

「イギリスでいちばん美しい村」とウィリアム・モリスが讃えたのがバイブリー村。コルン川の流れが村の中央をゆったりと流れ、その澄んだ川にはマスが悠々と泳いでいます。車の行き交いが忙しいその川沿いの道から喧騒を離れて静かに佇む家並みが見えます。それらは、水車小屋から流れる支流の土手に沿って建てられています。切り妻屋根のライムストーンで造られた柔らかな蜂蜜色の長屋が並んでいるのです。ここがアーリントン・ローと呼ばれ、モリスが特に気に入っていた場所でした。こうした古くからある建物の保存にもモリスは情熱をかけていたのです。

　おとぎ話から抜け出てきたような愛らしいその家並みは現在はナショナルトラストが所有し、そこに住む人々は庭を手入れをしたり、洗濯物を干したり、ごく普通の生活を送りながら歴史を秘めたこの建物を保存するというイギリスならではの方法がとられています。家並みは14世紀に羊小屋として造られ、17世紀になると盛んになった羊毛業から機織職人の住む家に代えられたといいます。こののどかな散歩道を歩いていると、忙しそうに機を織る機織の音がどこからか聞こえてきそうな気がします。

「甘い匂いが……」と思うと、蜂蜜色の石に溶け込むように咲くハニーサックルの花でした。モリスはさまざまなデザインの壁紙やテキスタイルを生み出しました。そのデザインのモチーフとなったのが、愛してやまなかったコッツウォルズで目にした草花などの自然でした。

ハニーサックルもその１つで「ハニーサックル」と題したプリント綿（１８７６年）と壁紙（１８８３年）のデザインにその綿密なスケッチを生かしています。生け垣やトレリス、家の壁にからまるように咲くハニーサックルの光景はイギリスの田舎ではおなじみのものです。

機械化による大量生産に反対し、中世に存在した手仕事を復権し、本来の芸術を取り戻すというモリスが提唱した「アーツ＆クラフツ運動」にコッツウォルズの自然も大いに関与しているのです。

2千年前のローマ人の歴史が残る町

バースの地名は、ローマ人が造ったローマ浴場跡に由来する。今も1日に100万ℓ以上の湯が湧き出ている

エリザベスの優雅なカントリーライフ

17世紀の農家を改造した古い家、緑のなだらかな丘陵が見渡す限り続き、どこまでがエリザベスの家の庭なのかわからないほど。周りの風景と一体となって存在し、時を経た温かさに満ちている。納屋を改装した離れは、外観と異なりモダンなインテリア。エリザベスの作品である石膏の飾り物がそこかしこに飾ってある

バースで優雅に暮らすエリザベス

「ちょうど納屋を改装したばかりだから、初めてのお客さんとしてあなたたち一家を招待するわ」

エリザベスからなんともうれしいお招きがありました。彼女はバースから車で10分ほどのカントリーサイドに佇む大きなお屋敷に住んでいます。よき理解者であった優しいご主人を亡くされ、今は未亡人となっていますが、その優雅な暮らしぶりは変わることはありません。

車がやっと1台通れるだけの細い山道を、途中の農場を通り過ぎ、うっそうと茂る木々の中を走ってたどり着くと、「ようこそ」というメッセージが貼りつけられた、見慣れた木の扉が待っていました。エリザベスの優しい気遣いを感じる瞬間です。ボタンを押すと、その大きな扉が自動で開き、懐かしいエリザベスの家がまるで幕が開いたように現れるのです。

エリザベスはアンティーク好きなご主人の勧めで、家に飾ってある一点物のアンティークのオーナメントから石膏で型をとり、そこに「秘密のまぜもの」を流し固め、色を塗り、そっくりなオーナメントをいくつも作ってインテリアとして販売するという仕事をしています。その仕事部屋が母屋である屋敷から離れて建つ納屋にあるのですが、その長細い3つほどの仕切りのある納屋の1つをモダンな離れとして改装してしまったのです。その離れには、ツゲの一種であるボックスで中世に流行した「ノットガーデン」風に仕切られ、フォーマルな雰囲気を醸し出すプライベートな庭も造られていました。

　そこは、「銀婚式を記念した庭をここに造るのよ」とかつてうれしそうにエリザベスがご主人やガーデンデザイナーと共に案内してくれた場所でした。当時はぬかるみ、荒れ果てていたただの土地が、こんな素敵な庭に生まれ変わっているとは、これぞ田舎暮らしの醍醐味というものなのでしょう。

　ただ庭の主であるそのご主人が、今ここにいないということが信じられないだけです。

　その庭の向こうには家など1つもなく、ただ牛や羊が草を食む姿が緑の丘に点々と見える絵本の挿絵のようなのどかな景色が広がっています。田舎暮らしの魅力、そのエッセンスを感じたひとときでした。

花々に彩られる美しい村
カッスル・クーム

1962年にイングランドでいちばん可愛い村に選ばれて以来、一躍注目を浴び、訪れる人が急激に増えた。17世紀には羊毛の集散地として栄え、橋のたもとには機織職人たちのコテージが残り、その歴史を物語っている

アメリカの歴史と文化を伝えるミュージアム

バースの丘の上に建つアメリカンミュージアムはヨーロッパで唯一のアメリカの歴史、文化を伝える博物館として1961年にオープンした。ショップでは摘みたてのハーブや花で作った、香りの花束、タッジーマッジーを売っている

至福の時を楽しめるアメリカンミュージアム

ハーブ留学時代、たった1人バス停からウッドラフの茂る林の道をテクテクと歩いて、このアメリカンミュージアムにたどり着いたことを今でも懐かしく思い出します。かつてマットレスに詰めて使われたというハーブであるウッドラフが可憐な白い花を咲かせる姿を偶然にも見つけ、その思いがけない出会いに喜んだものでした。初めて目にしたハーブの花束・タッジーマッジーの感激は今も続き、昨年訪れたときは10歳になった娘のために作ってもらいました。「どんな色合いが好きかしら」。何種類もの摘みたてのハーブから中世の香りのする花束ができ上がります。

バースまで来たらここに寄らずにはいられません。この丘から眺めるその景色のなだらかな緑の連なりの美しさ、広大さ、そしてその眺めを背景に楽しむお茶の時間。まさにイギリスの田舎ならではの至福の時です。かつてはこのお菓子部門に笑顔の優しいおじさんがいて親切にしてくれたものでした。引退後に自宅にまで招いてくれた彼、ここを訪れるたびに思い出します。

教えたくない隠れ里
ブロックリーの村

麦畑の中に教会を中心として蜂蜜色の建物の集落が見える。こうした村がコッツォルズには200も点在しているという。ブロックリーの村もそんな小さな村の1つ

庭も公開しているB&B
ミル・デーン

買い物客で賑わうモートン・イン・マーシュの村から程近い隠れ里、ブロックリー村。ミル・デーンは、その名のとおり水車小屋だったというが、その水車に使われた水を庭に生かし、オーナーのデア夫妻がカントリー・ガーデンへと変貌させた。今は部屋数4部屋という家庭的なB&Bも経営。イエローブックにも載っている

橋のたもとの小さなティールーム

蜂蜜色の建物、 レースのカーテン、窓を彩る愛らしい花々、それだけで絵になってしまうブリッジ・ティールームの外観。一歩中に入ると100年前のビクトリア時代にタイムスリップしたような、不思議な感覚。ビクトリア朝の典型的なメイドの衣装に身を包んだウェイトレスが出迎えてくれる

賞に輝いたブリッジ・ティールーム

川辺から段々に丘の上まで建てられたコテージが愛らしい村、ブラッドフォード・オン・エイボン。そのコテージは毛織物で栄え、毛糸を紡いだり織ったりする職人たちの家並みでした。村のシンボルでもある、エイボン川の浅瀬（broad ford「幅の広い浅瀬」で村の名前の語源になっている）にかかる石造りの橋を眺められるティールームが、その名も「ブリッジ・ティールーム」。サクソン人が初めて木の橋を造り、その後ノルマン人によって石の橋になったという、村の長い歴史を物語る橋なのです。ティールームは１６３５年に建てられた、元は鍛冶屋の建物。一歩中に入るとビクトリア朝の雰囲気が立ち込めています。英国ティーカウンシルが優れた英国内のティールーム38店舗に与えるアワード・オブ・エクセレンスに２００６年まで4年連続で選ばれたのが店主のご自慢です。午後遅くに訪ねると、人気のクリームティーは売り切れ。がっかりしていると、「焼き冷ましのスコーンでよければ、トーストしてお出ししますよ」とご主人。その焼きたての味にこだわるポリシーはさすがです。

コッツウォルズの小さな村の魅力

ロンドン近郊ウォルサムストウで生まれ、育ったウィリアム・モリスは大学はオックスフォードのエクセター・カレッジに進学します。そこで芸術に目覚め、やがてこの土地の馬丁の娘であるジェイン・バーデンとの結婚を通して装飾芸術へと導かれていくのですが、オックスフォードといえばロンドンからコッツウォルズへの玄関口。２００あまりあるというコッツウォルズの村々へもモリスは在学中に訪れていたに違いありません。

オックスフォードといえば、映画化もされた『ナルニア国ものがたり』の作者であるＣ・Ｓ・ルイスはモードリン・カレッジで教鞭をとっていました。ちょうどウィンブルドンに住んでいるときにＣ・Ｓ・ルイスの実話に基づいた物語『シャドウランズ』が映画化（邦題は『永遠の愛に生きて』）、公開され、その物語にちなんだ場所を訪ねたこともありました。今から思うと住んでいたからこそできる贅沢です。「20代で逸した幸福を、60代になって取り戻そうとは」とルイス自身が語ったように、遅い結婚をしたルイスが妻のジョイと結婚生活を楽しみ、コッツウォルズをあちらこちらへと出かけます。

　丘のうねりをそのままに生かしたような村、バーフォードから程近い小さな村、ミンスター・ロベルにあるホテル、オールドスワンは、2人が好んで出かけた場所とのこと。愛らしい川の1つに讃えられる、ウィンドラッシュ川のほとりに建つホテルです。せせらぎの音、心地よい風、緑の匂い、ホテルの庭のテーブルで焼きたてのスコーンを楽しんだ、あの安らぎを忘れることができません。

　観光客もいない、静かなひとときを味わえるのが、コッツウォルズに点在するこうした小さな村の魅力です。このオールドスワンというホテルは5世紀前に建てられたという古い歴史があり、かつてウェールズの羊売りの商人が市場に羊を連れて行く途中に休む場所として使われたこともあったとか。

　特産のコッツウォルド・ライオンという毛足の長い羊を中心とした羊毛産業で栄えたこの地方、産業革命の嵐とも無関係であったために蜂蜜色のライムストーンで建てられた家並みは、それぞれの村の個性を保ちながら、今も息づいているのです。

第3章

イギリスの田舎の魅力

田舎の美しさを守るナショナルトラスト

「イギリスの田舎は美しい」誰もが口を揃えます。けれどもその自然、建物が織り成す田舎の美しさは、ただあるがままに放っておいて存在するものではありません。その多くが手をかけるだけでなく人の知によって守られているもの、多くがナショナルトラストによって守られていることを忘れてはならないと思うのです。

ナショナルトラストとは何でしょうか。正式名称は「The National Trust Places of Historic Interest or Natural Beauty」

歴史的見地からして価値のある遺跡、建造物、美しい自然や庭園などを手をつけずに残しておくべき美しい自然を守り、維持するための民間組織です。開発したり、壊したりするのは簡単ですが、一度なくしてしまったものを元の形に戻すことはできません。

ナショナルの意味は「国家」ではなくて「国民」というところ。これだけの大きな組織であるにもかかわらず、政府からは独立した、国民が運営する非営利団体というところがすばらしいと思うのです。

今ではこの団体はイギリス内で６１２０００エーカーの土地、７００マイルの海岸線、２００以上の歴史的建造物や庭園を所有し、会員数は３４０万人。イギリスの人口は約６０００万人ですから、国民の20人に１人が会員ということになります。

古きものを保存し、未来へつなげていこうというその趣旨に賛同する１人ひとりの国民の意識の高さ、ある一定の価値観の上にこの国がまとまっていると感じるところです。そのことが生活に密着した形でこの団体を支えているのです。さらにすばらしいのは、所有している土地や建造物等の保護、運営、管理がすべて寄付金、遺贈、会員からの会費、所有施設の入場料、オリジナルグッズの収益等で賄われているということです。

もはやイギリスだけでなく、「環境保全」の代名詞のようになったナショナルトラストは日本をはじめ、海外までもその活動の輪が広がるほどにまでなっているのです。

始まりは3人から

けれどもその始まりはたった３人からでした。湖水地方の章でも書きましたが、ポターが影響を受けた1人、ハードウィック・ローンズリー牧師をはじめとするロバート・ハンター氏、オクタビア・ヒル女史の３人です。

18世紀末から始まった産業革命のもたらした開発が自然を破壊し始めたことへの危機感から生まれた運動でした。

ローンズリー牧師に賛同したポターが、最終的にナショナルトラストに寄付した土地は、４３００エーカーにもなり、現在所有しているナショナルトラストの土地の14分の1になることを思うと、一市民としてのポターの功績がどれほど偉大であったか、改めて感じざるを得ません。現にポターの時代に湖水地方には開発計画があり、それを憂えたポターはその先回りをして着々と土地を買い占めていったのです。その財力に『ピーターラビットのおはなし』をはじめとする絵本の印税がありますから、ピーターラビットもナショナルトラストに貢献した、一市民ならぬ、一動物ということになるのかもしれません。今日湖水地方の変わらぬ美しさを味わうことができるのもポターのおかげということに、私たちは感謝し、私たちも未来に向けて考えねばならないと思うのです。

クリスマスパーティーで

12月にロンドンで開かれるポター・ソサエティーのクリスマスパーティーに出席したときのこと。会長であり、ポター研究家として知られるジュディー・テイラー女史を中心に会員たちが集まります。1995年のクリスマスパーティーでは、ヒルトップの当時の館長、ヘミング氏が講演をされました。その頃イギリスの新聞に「あまりに多くの日本人観光客がヒルトップを訪れるので、日本人の入館を断る」というショッキングな記事が出たことを取り上げ、こう話されたのです。

「このような日本人だけを拒絶するような記事が出てしまってとても悲しい。

自然を庭に取り入れるのがイギリス流。コテージガーデンはその典型的なもの

田舎のティールームでは並んだケーキを見ながら、選べるのが魅力

私たちは世界中すべての国から来てくださる来訪者を歓迎します。ヒルトップという古くなって傷みやすい建物を守らねばならないという必要性が、日本人に対してのみという間違った言い方で伝えられてしまったのです」と。

そのパーティーで日本人は私を含めて2人。私たちに向かって謝るように話してくださるのには恐縮してしまいましたが、私の気持ちは複雑でした。確かにヒルトップを訪ねると、開館11時前から入場券売り場に行列ができ、定められた入館時間に合わせて見学するという仕組みをとらねばならないほどの混雑ぶりなのです。もちろん見学者は日本人だけではありません。

でも私たちには古い、大切なものをみんなで共有する、守っていかねばならないという意識が残念ながら忘れられているように感じるのです。その場だけ、自分だけがよければよい、そうした態度がヒルトップにおいても表れ、こうした記事に結びついてしまったのではないか、と残念に思うのです。

ユーツリー・ファームのこと

ヒルトップはポターが過ごした家を公開しているのみですが、ヒルトップ農場として今でも公開していないもう半分ではポターの時代から家族が住み、むかしのままに牧畜をして暮らしています。ナショナルトラストの保存方法として決して古いものを「博物館」にしてしまわないことも大きな特徴です。ポターが所有していたファームに泊まったときも、その建物はナショナルトラストに遺贈され、ナショナルトラストが所有しているにもかかわらず、ポターの時代のままに家族が牧畜をしながらその家に暮らしていました。その暮らしを守る、現金収入を得るために空いている部屋をB&Bとして民宿と兼業しているのです。

ユーツリー・ファームを訪ねたときもそうでした。20代の若い夫婦が、ポターがその絶滅から救ったハードウィック種の羊を牧畜することなどの条件を守りながら、ポターが現金収入のためにティールームを開けるようにと買い揃えたアンティークの食器棚のある部屋で、そのポターの言葉どおりにティールームを開き、ファームを守っています。その様子には「ポターがまだ生きている」と感じ、ポターの精神が100年も経った今もなお息づいていることを実感せずにはいられませんでした。実際にキャロラインという若い奥さんに案内をしてもらうと、ポターが慈しんだこのファームをその歴史を大切にしながら自分たちが守っていこうという、温かい気持ちを感じたのです。この北の地での牧畜はとても厳しい仕事だと思うのですが、明るい笑顔でこれから開こうとしているティールームの計画などを話してくれたのです。

自然、建物をただ保存するだけは十分ではないこと。そこで暮らし、生きる人々の生活が途絶えることのないように、周辺の環境までも含めて保存していかなければ本当の意味での保存ではないということなのです。ナショナルトラストのそうした精神を理解し、賛同し、実行しているイギリスの人々の大きな懐を肌で感じる想いでした。

児童文学の風土性

「児童文学を風土の現象の一つとして観る視点の必要性」と題された文章が書かれたプリントを大切に持っています。

吉田新一先生が書かれたもので、先生からいただいたものです。

「イギリスの文学は、もちろん児童文学も、ローカルにとことん徹して、普遍をつかむという極めて上質の文学性を備えているので、たとえその風土を実感しなくても、作品から深い感動を味わうことができる。が、その風土に触れてみて初めて、風土と作品の密着度がいかに強いかに驚き、それまでの自分の理解の甘かったことを知るはずである」

今思えば、イギリスに行くまでは、この文章にこめられた意味が理解しきれていなかったように思います。

児童文学を読み、実際にその場所を訪ねる旅をしてみて、先生が書かれたことが私も今は少しはわかってきたような気がしています。

物語の舞台となった場所が作者の身近な現実であること、ファンタジーがその身近な生活の中にあること、身近にあるその風土性が表れていることなどイギリスに行かなければ、そしてその場所を自分の足で歩いてみなければとうていわからないことでした。湖水地方を愛したポター、『クマのプーさん』を描いたＡ・Ａ・ミルンが好んだアッシュダウンの森、ファージョンが大好きだったサウス・ダウンズ、いずれも作者の愛した土地がその作品の中に織り込まれ、発酵するように熟成し、１つの世界を作り上げているのです。

作者にとって愛する場所がある、そしてその場所が今もそのままに残っている、その事実にも私は感動します。愛すべき場所があるからこそ、作品が生まれるのかもしれません。

その作品を読まなければ絶対に訪ねなかったと思う田舎の小さな村にも今までいくつも出会いました。そして作品の舞台が時を経ても変わることなく残っていることに感動し、いっそうその作品がいとおしくなるのです。私のようにその地を訪ねると、生活している人々と同じように、その場所をなくしてはならないという気持ちを心に強く抱くことでしょう。そうして時がつながり、イギリスの田舎の美しさは変わらずに残されていくのではないかと思うのです。

イギリスの暮らし

その時というもののつながりを大切にし、古いものを愛する精神は、イギリスの身近な暮らしの中にあふれています。

たとえばマナーハウス（領主の館）。カントリーサイドにあるかつての貴族や領主の館のことです。イギリスの田舎を旅するとき、マナーハウスに泊まっ

湖水地方では人の数よりも羊の数の方が多いという。ハードウィック種も草を食む

たり、アフタヌーンティーを味わうのは大きな楽しみです。それは同時に過去の時を感じ、その中に身を置くことによって歴史を思うことでもあるのです。

フランスではパリに貴族たちが集まり、地方は農業、牧畜を営むところと文化が2分化してしまったのに対して、イギリスでは貴族が地方の自分の領地にある屋敷、マナーハウスを住居とし、ロンドンには仕事のための別宅を持つだけという習慣が現代まで続いているという違いがあります。そのためイギリスでは地方にも文化が広がり、田舎が単なる田舎とは言いがたい洗練さを持っているのは、その辺に理由があるとのことです。

そういえば、コッツウォルズのアスコット村、クック家の近くにも週末の家を持つセルビー夫妻がいました。ロンドンは仕事のための家、田舎の家が自分たちの住まいと言っていました。
「ここの暮らしが本当の暮らし。ロンドンの暮らしはアーティフィシャル（人工的）なものだよ。劇場、美術館、レストランはたくさんあるけれど、どれも作られた楽しみだ。田舎にはもっと根源的な楽しみがあるんだよ」

セルビー夫妻のその言葉が今も耳に残っています。

かつては小学校だったという17世紀の家を改装し、その家の辿ってきた年月にふさわしいアンティークの家具で整え、時を経た優しさに惹かれるのです。

芝生のある美しい庭で、日曜日の朝に開くガーデンパーティーは隣人たちの交流の場。田舎の小さな村ではお互いによく知り合い、助け合い、心地よい環境をつくる――自分らしくいるために個人主義の裏にはこうした配慮があるのです。東京で生まれ育った私にとって、本当の豊かさというものを肌で感じる田舎の暮らしでした。田舎の暮らしがイギリスの文化を支えているのかもしれません。

お気に入りの
アンティークたち

お茶の時間には時を経て優しくなったアンティークの食器が似合う気がする。どれも田舎で見つけたもの

第4章

デボン
アガサ・クリスティーの
故郷を訪ねて

シーフードのおいしい河口の村

ポアロの最初の長編映画『邪悪の家』のロケ地となった、美しい河口の村サルコム。なだらかに入り組んだ海岸線が景色をさまざまな姿に変えている

クリスティーが滞在したホテル

ホテルの部屋の内装もクリスティーの頃と変わっていないのではないかと思うほど、殺風景な雰囲気。何といっても、窓からの景色はすばらしく、ダートムアの広大な景色がまるで額縁に入った絵画のように近くに見渡すことができる

庭のすばらしさはクリスティーが滞在していた頃とほとんど変わっていないようだ。小川が湧き出で、庭が斜面となって下ったところでテイン川に合流している

クリスティーが第一作を書き上げたムーアランド・ホテル

それは、クリスティーの母でした。「まだ半分しか仕上がっていない探偵小説を仕上げたいなら、誰にも邪魔されないところに自分だけで行って、書き上げるべきだ」と言ったのは。

その忠告の結果、１９１７年の夏、クリスティーはトーキーの自宅を離れ、ムーアランド・ホテルに部屋を2週間予約したのでした。上流階級で社交生活にも忙しかったクリスティーの家庭では、１人だけで原稿に集中することは難しかったということなのでしょう。

そのムーアランド・ホテルに家族で2、3日を過ごしたことがあります。もちろんクリスティーが滞在したことがあるという事実を知ってのことでした。

このホテルは１９７０年に火災に遭い、それまでの記録を失ってしまったので、クリスティーがどの部屋に滞在したのかもはや調べることもかないませんが、アガサ・クリスティーと名づけられたラウンジがひっそりとその思い出を讃えています。クリスティーが滞在したときには戦争中ということもあり、宿泊客もほとんどなく「誰とも話すこともなかった」とクリスティーは思い出していますが、そのクリスティーの滞在から１００年近く経った後での私たちの滞在ではもはやホテルがさびれてしまったため、夕食どきにもレストランには私たち家族の他に一組いるだけという寂しいものでした。

　このホテルの目の前に広がるダートムアは、52平方キロにも及ぶという広大なナショナルパーク。１６０もの岩山や渓谷、シダやヒース、牧草地がモザイクのように配された手つかずの自然が残るところです。ホテルからは岩山の中でもいちばん大きいヘイトー・ロックを一望に眺めることができました。クリスティーは原稿を書くのに疲れると、この岩山へ歩きに出かけたといいます。午前中を「手が痛くなるほど」原稿に没頭した結果、ホテルに滞在した2週間で書き上げた原稿は手直しの後、出版社に送られます。ところがそれから4年も待って、その作品は『スタイルズ荘の怪事件』として世に出るのです。生涯で66の長編、１４８の短編を生むことになるミステリーの女王、クリスティーの第1作目でした。

藁葺き屋根や領主の館が残る中世の村

絵本の世界から抜け出たように愛らしい村、コッキントン。クリスティーはここに馬に乗ってよく訪れた

藁葺き屋根のティールーム

スコーンに添えられたボウルに山盛りのクロッテドクリームはこのデボンならではの贅沢。忘れられないクリームティーの味わい

海岸線を蒸気機関車に乗って……

ペイントン〜キングズウェイ間を走る蒸気機関車（イースターから10月まで運行）はクリスティーのお気に入りだった。キングズウェイの対岸の港町・ダートマスからはボートでクリスティーの愛したホリデー・ハウス、グリーンウェイを訪ねることができる

コッキントン村のデボンシャークリーム

「それからデボンシャークリームもたっぷり食べた。肝油などよりもずっと栄養がある、と母がよく言っていた。パンにのせて食べたり、スプーンでそのまま食べたりした。……わたしの大好きなものは昔も今も、そしてこれからもずっと、クリームであることにまちがいない」（『アガサ・クリスティー自伝（上）』A・クリスティー著　乾信一郎訳　ハヤカワ文庫）

75歳のときに書き終えた自伝の中でアガサ・クリスティーはこのように書き記しています。クリスティーが言うところのデボンシャークリームは、クロッテドクリームのこと。デボンやコーンウォール地方のジャージー種の乳牛の乳から作られるクリームなので、その地名をとってデボンシャークリーム、コーニッシュクリームとも呼ばれることがあるのです。

冬でも温暖なこの地方では牧草にもめぐまれ、のんびりとその草を食む牛もおいしい乳を出すに違いありません。

スコーンには欠かせないクリームですが、クリスティーがお茶の時間に出かけていったのはコッキントン村。自宅のあるトーキーから1・5キロメートルのところにあるこの村まで乗馬服に身を包んだクリスティーは颯爽と馬に乗って出かけていったといいます。

　コッキントン村は、緑の中に藁葺き屋根の家並みでちりばめられた、まるで童話の挿絵から飛び出したかのように愛らしい村。17世紀の古きイギリスの村の様子がそのままに残されています。村を馬車が走り、まるで時が止まったかのようにのどかな時間が流れます。

　クリームティーという看板に誘われるようにして入ったティールームもピンク色の石壁に素朴な藁葺き屋根の家。クリームティーとは、紅茶にクロッテドクリーム、イチゴジャムを添えたスコーンのセットのこと。たった2つのスコーンにボウルに山盛りのクロッテドクリームが運ばれてきたのには驚くやら、うれしいやら。これこそこの土地でしか味わえない、クリームティーの味わいだとそのおいしさが心にしみたものでした。

　クリスティーもきっと大好きなクロッテドクリームをたっぷりとのせて、この村でスコーンを楽しんだことでしょう。村と同じように、昔ながらの味を。

レースの村ホニトン

アンティークレースを見せてもらったハイストリートにあるレース店。花嫁衣裳に使われたベールもあり、ホニトンでのボビンレースで栄えた頃が偲ばれた。この店で買ったレースのモティーフは今も宝物

マザーグースにも唄われてるのどかな村

ダートムアの一角にある小さな村、ウィディコム・イン・ザ・ムア。教会を中心に広場、パブがあり、昔の面影が残るダートムアの典型的な村の1つ。コーニッシュ・パスティ（写真下）はこの地方名物のじゃがいもと肉のパイ

ホニトン村で出会ったアンティークレース

デボンの東端、エクスターに近い小さな村、ホニトン。今となっては、レースの村として古くから栄えたことを知る人すらいないような、静けさに包まれた村。アンティークレースが大好きな私は、イギリスにもレースで栄えた村があることを知ると、行ってみたくてたまらなくなったのです。

ホニトンレースは16世紀、エリザベス1世の時代にベネルックス（ベルギー、オランダ、ルクセンブルク）3国からこのデボンに伝えられた、ピローの上でボビンを使って作るボビンレースがその始まりでした。私がホニトンのハイストリートにあるレース店で求めたアンティークレースのモティーフと、ベルギーのブルージュで求めたアンティークレースのバラのモティーフの織り方が似ているのには、そのようなつながりがあったのでした。

このホニトンレースを一躍世に知らしめた功労者がヴィクトリア女王でした。1839年、女王は結婚式の衣装のレースをホニトンに近いビア村に住むレースメーカーの1人、ミス・ジェーン・ビドニーに注文したのです。クリーム色のサテン地のドレスに合うように襟、袖のフリル、スカートのひだ飾り、ベールがすべてホニトンレースで作られたのです。

　１８４０年、1月の「モーニングポスト」紙では、「２００人のレースメーカーが1年近くの歳月をかけて女王のレースは作られた。手仕事が近年下火になり、生活に困っていたレースメーカーたちの家計が女王の優しい心遣いで助けられた」と伝えています。

　女王の結婚式は１８４０年12月にロンドンの聖ジェームス教会で行われましたが、女王はホニトンのレースが大変気に入り、その製作に采配をふるったミス・ビドニーをその式に招待するほどでした。

　そのビクトリア女王の気持ちは今も受け継がれ、ビクトリア女王の2人の王子がそうしたように、チャールズ皇太子とダイアナ妃の2人の王子、ヨーク公の王女たちもホニトンレースの服を着て洗礼式に臨んでいるのです。

　イギリスを愛し、その手仕事の産業を大切にすることを自ら示した女王の信念に、ウィリアム・モリスたちが起こした「アーツ&クラフツ運動」に通じるものを感じます。

第5章

ケントとサセックス
物語の舞台となった
野山や海辺の町を歩いて

美しい庭園の点在する村々に心奪われて

「ガーデン・オブ・イングランド」(英国の庭園)と呼ばれるケント州をはじめ、サリー州、サセックス州などロンドンの南に位置する一帯は、その名のとおり名園の宝庫。20年前のハーブ留学以来、ハーブガーデンを中心にした庭園めぐりには余念がありませんが、この地方は私の大好きな庭園「シシングハースト」をはじめ多くの美しい庭園を有しています。

ウィンブルドンに住んでいたときも、短時間で行けるので、まるで自分の庭のように週末になると最も頻繁に出かけたのがこの地域でした。

そして、庭めぐりの合間に食事やお茶に立ち寄る小さな村々の、まるでアンティークのように歴史を秘めたその美しさにも心を奪われたのでした。

中でもファージョンにちなんだ村めぐりをしたときにその思いをいっそう強くしたのです。

エリナー・ファージョンは「現代のアンデルセン」と称される作家、詩人ですが、わが国ではあまり知られていないかもしれません。私自身も大学の卒論を書く仲間にファージョンをテーマにした友人がいたから彼女を通して作品を読むようになったので、20歳を過ぎて初めて出会った作家でした。そのファージョンがサセックス州の村々を物語の中に織り込んだ作品『リンゴ畑のマーティン・ピピン』と『ヒナギク野のマーティン・ピピン』を著しているのです。その作品中に描かれた村々を訪ねてみて、かつて読んだ世界がいっそう輝きを増したような気がしています。

　イギリスの地図を開くと、東はイーストボーン近く、セブンシスターズが切り立つ白亜の岸壁から西はウィンチェスターの町まで海岸線に沿うように帯状に続く地帯があることに気づきます。サウス・ダウンズと呼ばれる丘陵地帯で、イングランドで10ある国立公園の1つです。その緑の懐に抱かれるようにして小さな村々が点在していることを知ったのもファージョンの作品を通してのことでした。そして道案内をしてくれたのが今では絶版となっている1冊の本、『児童文学の旅』（石井桃子著　岩波書店　1981年初版）でした。石井桃子さんはファージョンの作品の訳者として30年以上も前にこの地を訪れているのです。

サウス・ダウンズに小さな村々を訪ねて

イギリス南部の地質は石灰質が特徴で、緑の中に描かれた白い線画がHill Figureと呼ばれ、このウィルミントンのロングマンの他にもいくつもある。白い馬が描かれたウエストバリー（Westbury）のホワイトホースも有名。右ページ写真（上下）はアルフリストン村。（中）マウント・ケーバーンなどの丘が連なる

謎の巨人が描かれたウィルミントン村

『児童文学の旅』から得た村の名前をエリナー・ファージョンの『リンゴ畑のマーティン・ピピン』『ヒナギク野のマーティン・ピピン』に照らし合わせ、さらに地図でその村々の場所を確かめてから、いざサセックスへと出かけます。まず目指すはウィルミントン村。どちらの作品もいくつもの短編をつないで構成する手法をとっていますが、『ヒナギク野のマーティン・ピピン』の中で「ウィルミントンの背高男」と短編の題名にもなっている「ロングマン」がこの村にあるというのです。村に入り、角にパブのある細い道を入っていくとその道は広大な緑の丘に遮られます。その緑の丘、ウィンドーヴァー・ヒルに緑の草を切り取り、白亜の石灰地をむき出しにした白く太い線で描かれた背高男が、杖を手に持って目の前に現れるのです。ウィルミントンの村を眺め下ろす高さ２２６フィート（約60メートル）の巨人を、いつ、誰が、どのように造ったのか、長年考古学者の興味をそそってきたものの、いまだにその謎は解けず、ミステリーに包まれているというわけです。

『オープン・ウィンキンズ』という短編に出てくるアルフリストンはその隣村。絵に描いたような古い家並みが残るこの村はかつて密輸入業者で知られていました。「老密輸入者屋」という恐ろしげな名のホテルが、その歴史を伝えているようです。

　ハイライトはマウント・ケーバーン。石井桃子さんは「ふうふういいながら中腹まで上った」後、あとから訪ねたルイス城の塔の上から眺められたと記されているので、私はその恩恵にあずかって初めからルイスに行き、山とは呼びがたい、小高い緑の丘のようなケーバーン山を城の上から眺めることができました。老婆になったなわとびの得意な少女、エルシー・ピドックが、その昔、妖精から授けられたなわとびの秘術を駆使して、ケーバーン山を開発の手から守ったというお話。お話のように今でもエルシー・ピドックはきっと跳び続けているに違いない。マウント・ケーバーンを眺めていると、そんなことを確信してしまえる不思議な気持ちになるのです。80年以上もむかし、ファージョンはチェスターからアルフリストンまで徒歩旅行をしています。大好きなサセックスの村々や自然をその類まれな想像力で物語に重ねていったのです。

ケントやサセックスはリンゴの産地

ケント、サセックスはリンゴの産地。5月には愛らしい桃色のリンゴの花が満開になる。ファージョンの2冊の物語の主人公、マーティン・ピピンの名は、リンゴの名前からつけられているようだ

金色で描かれた人魚の看板が目印マーメイド・イン

17、18世紀の頃は密輸業者や街道強盗たちが集まっていたというかつての宿屋。今では歴史を感じる空間でおいしいイギリスの料理が味わえるレストラン兼ホテルになっている

ライに残る黒と白の古い建築様式

ライには、チューダー朝様式のハーフ・ティンバー(白い漆喰の壁に黒い木枠が半分見える形で建てられている)の建物がたくさん残っている。1156年に建てられ、1420年に改築されたマーメイド・インも黒と白のコントラストが美しく、その代表となる建物

古い歴史のある港町ライ

「……読めば読むほど、この二人（著者注：ビアトリクス・ポターとエリナー・ファージョン）の作品が切りはなしがたく、その風土に結びついていることは驚くばかりで、私は自分なりの歩き方で、彼女たちの作品の生まれてくる機縁となった場所を踏んできたかった」。『児童文学の旅』の中で石井桃子さんが語っています。

その2人の作家が共に訪ねている町、それがライです。ポターはライから程近い港町ヘイスティングズに4度訪れていて、そのたびにライの町にも足を運んだとのこと。生前未発表の物語『忠実なはとのおはなし』はライの町が舞台となっているそうです。小高い丘の上にできた町であるため、ライは急な坂道が多く、道は中世そのままのコップルド・ストーンという丸石を埋めこんで造られていて、ごつごつと足に当たる痛いほどの感触にも歴史を感じます。丘の頂上には12世紀に建てられたというこぢんまりとしたセント・メアリー教会があり、ポターのその作品にも実名で記されているとのこと。教会の門前には窓辺にいかにもホームメイドといった雰囲気の焼き菓子が飾られたティールームがあり、その香りと雰囲気に通り過ぎることができず、思わぬお茶の時間を楽しんだこともありました。

中世の昔には海がライの町となっている丘の下まで迫っていて、港の1つとして大陸貿易で栄えたとのこと。16世紀末頃から海岸線が退き始め、この町は貿易港としての役目を失って昔の姿のままに取り残されることになったようです。

そうした古い歴史を持つライの町でひときわ有名なホテルがマーメイド・イン。坂道の1つ、マーメイド・ストリートの中ほどにツタがからまる美しい姿で佇んでいます。１４２０年創業というだけあって、一歩中に入ると、床が傾いていたり、黒々とした梁が頭のすぐ上を渡っていたり……。かつては周囲が海だったので、人魚という名前がついたのでしょうが、ファージョンはその人魚の由来を『ヒナギク野のマーティン・ピピン』の短編の1つ「ライの町の人魚」に書き上げたということです。

参考:『ピーターラビットの世界』吉田新一著　日本エディターズスクール出版部

いつまでも散策していたいプーの世界

挿絵そっくりのプー棒投げ橋がプーたちが遊んだ場所なら、 ギルズ・ラップは『プー横丁にたった家』でクリストファー・ロビンとプーたちとの別れの場所。野生のヒースやハリエニシダが咲き乱れ、サセックスの田園風景が見渡せる丘の上の眺めのよい場所だ

プーさんファンにはたまらないショップ

クリストファー・ロビンが楽しみに通った駄菓子屋さんは、プーグッズを集めたショップ、プーコーナーとして1978年にオープンした。彼のお気に入りはブルズ・アイ（牡牛の目）と名づけられたハッカ飴だった

クマのプーさんが息づくアッシュダウンの森

１９２６年10月に初めて出版された作家Ａ・Ａ・ミルンの作品『クマのプーさん』は２００６年10月に80歳の誕生日を迎えたわけですが、プーさんの世界もその心も今も変わることなく息づいています。それがイースト・サセックス地方、ハートフィールド村を中心とするアッシュダウンの森です。

そもそもプーはミルンの息子であるクリストファー・ロビンの1歳の誕生日にロンドンにある老舗デパート「ハロッズ」で買ったプレゼントでした。イギリスの子供の本の作家によく見られる特徴は、自分の身近な世界の中にファンタジーという想像の世界を作り上げていくこと、自分自身の住んでいる現実の世界に物語の世界を重ねることです。ミルンの場合は、１９２５年、週末用の別荘として買ったコッチフォード・ファーム周辺のこの地方を舞台に、プーをはじめ息子の子供部屋の住人だったぬいぐるみたちに命を与え、現実の身近な自然の中で生き生きと活動させたのです。そこは、ロンドンに住むミルンが週末に訪れることができたように、私たちが住んでいたウィンブルドンからも１

時間ほどで手軽に行ける田舎でした。

まず森の入り口に当たるハートフィールド村に立ち寄り、プーさんグッズを売る店、プーコーナーを覗き、プーブリッジまで散歩をするというのがお決まりのコース。その後、アッシュダウン・パークホテルで優雅なお茶を楽しんだり、ファームハウスの庭先で普段着のクリームティーを味わうのもロンドンでは味わえない楽しみでした。

プーコーナーで売られている「プーの森マップ」が誰をもプーさんの世界へと案内してくれるでしょう。「ながいあいだ3人はだまって、下を流れてゆく川をながめていました。……」（『プー横丁にたった家』）物語のこの文章に添えられた挿絵とそっくりの橋が「プー棒投げ橋」（プースティックス・ブリッジ）。車を専用駐車場に止めて15分ほど野原の中のフットパスを歩いていくと目の前に現れます。その橋で子供たちが遠くから用意してきた木の枝を、上から投げる姿が挿絵の中の同じしぐさをしているクリストファー・ロビンに重なります。「プーさんの世界は生きている」子供たちのその姿にイギリスの人たちの心を知るのです。

プーさんの森の近くのビデンデン村

「ビデンデンの娘」と呼ばれ肩と腰でつながって生まれた姉妹は村の看板になり、その歴史を伝えている。村にあるティールーム「クラリスズ」は1450年に建てられた「ティンバー建築」の古い建物。落ち着いた、ゆったりとしたお茶の時間が楽しめる

プーさんの森に建つお気に入りの アッシュダウン・パークホテル

1867年に建てられた館は1993年からホテルとなった。プーさんの森に抱かれるようにして建つその館は186エーカーもの庭園を持ち、野生のシカやウサギの姿が見られる。プーさんの森を眺めながら、テラスで楽しむアフタヌーンティーは最高に幸せな気持ちにしてくれる

ビデンデン村を救った双子の姉妹

「イギリスで最も美しい庭園」と呼ばれるシシングハースト城の庭園。女流詩人ヴィタ・サックヴィル・ウェストが外交官である夫ハロルドと共に、刑務所にもなったという荒れ果てた古い城を「最も美しい」と評されるまでに造り上げた庭です。ヴィタが訪ねたコッツウォルズの「ヒッドコット・マナー」で心動かされた白系の草花で埋め尽くされた庭からイメージを得て造ったという「ホワイトガーデン」、イギリスで現存する最古のハーブガーデン、香り高いローズガーデン、色とりどりの花が咲き乱れるコテージガーデン、春には水仙が咲き乱れる果樹園など、異なる趣向の「部屋」のつながりに、その庭に迷い込んだ瞬間から時を忘れ、そして季節ごとに違う「顔」を見せるこの庭園に誘われるように、幾度も通ってしまうのです。それもウィンブルドンに住んでいたからこそできた、このうえない贅沢なことでした。そのシシングハーストへの道の途中、ふと立ち寄った近くの村、それがビデンデンでした。映画のセットの中に迷い込んだと錯覚しそうな、17世紀以前の黒の梁がいかにも古めかしい

「ティンバー建築」の家並みがメインストリートの両側を飾っている村です。中世、チューダー朝時代には布織物の売買取引の中心として栄え、富と名声にあふれる活気ある村でした。屋根裏小屋がある通りの南側の家々は布を織る職人たちの住まい、メインストリートの北にあるオールド・クロス・ホールは織りあがった布地が集積される場所として、今では唯一その歴史を語っています。この村の看板に描かれた2人の姉妹、実は「ビデンデンの娘」と呼ばれた肩と腰でつながって生まれた双子だったのです。１１３５年に生まれ、34歳までこの村で過ごし、数分の違いで2人とも亡くなったと伝えられています。その2人がなぜこの村の看板になっているのかは、2人が18エーカーの土地を遺贈し、その土地でとれる作物がパンやチーズとなって貧しい人々を飢えから救ったという功績によるためでした。その奉仕の精神は姉妹の姿を打ち出して焼いたビスケットを毎年イースターに味わうことで讃えています。何となく通り過ぎてしまう田舎の村にもこうした隠れた歴史が秘められているのもイギリスならではのおもしろさだと思います。

第6章

ロンドン郊外
季節の草花を探しに

ブルーベルの花が夏の扉を開ける、キューガーデン

イギリスの5月。かぐわしい夏への扉を開けるその序章ともいえる月。5月の声を聞くと、私は毎年そわそわし始めました。なぜならブルーベルの花が咲き始めるからなのです。

ブルーベルはユリ科の多年草で、釣り鐘状の紫の花が可憐な雰囲気。その田園の香りともいうべき、素朴な花の香りはペンハリゴン社などイギリスの香りを売る店では香水にもなっています。

年によって花の咲く時期が異なるので5月初めに満開になる年もあれば、6月近くになって満開になる年もあります。そしてロンドンと湖水地方では1ヶ月以上も花の季節のずれがあるように、日本と同じく南北に長いイギリスの国土ゆえに地方によって花の季節もかなり異なるのです。

ブルーベルの咲く様子はまるで魔法のようです。

それまで何もなかった林の中や野原が一面紫色のカーペットを敷き詰めたように咲き乱れるのですから。その様子はなんとも幻想的で、一度でもその光景

を目の当たりにしたら、私のように誰をも虜にする魅力を秘めています。キューガーデンの中にあるシャーロット王妃のコテージの周辺もこの季節になると急に人の行き交いが見られるようになります。藁葺き屋根のひなびたそのコテージの周りがそれまでのただの緑の草むらから一変して、ブルーベルの花で埋め尽くされるのです。その見事なことといったら、そのために私はキューガーデンの年間パスポートを買って毎日通うほどに惹きつけられました。

サリー州、ドーキングの町に近いモーシズ・ウッドはその森全体がナショナルトラストで保存・保護されていて、木漏れ日が美しい森の中をブルーベルがひっそりとその紫色の花で彩ります。ブルーベルの必要条件は湿気と日陰、それに土。ですから森や林に自生するのです。イギリス人にとっていかに好ましく身近な花であるかはこんなところにも見られます。『ハリー・ポッターと賢者の石』では「ブルーベル色の炎」として表現に使われていますし、ウィリアム・モリスは「ブルーベル」と名づけたテキスタイル・デザインにその花を使っているのです。

花の館、コンスタンス・スプライ校

「母が自由に花を生けるのを見て自然に覚えた」という校長先生自身も花を習ったことがないという。流れるような手さばきは自然を見るまなざしからうまれているのかもしれない

写真協力：コンスタンス・スプライ

5月に咲く森の女王
ブルーベル

ワイルド・ヒヤシンス、フェアリー・フラワーなどの別名を持つ。茎がうなだれるように花をつけるブリティッシュ・ブルーベルと茎がまっすぐなスパニッシュ・ブルーベルの大きく2種に分類される

ファーナムの村のフラワースクール

その花の館はサリー州の片田舎、ファーナムの村にありました。

私が住んでいたウィンブルドンの駅から、さらに南にブリティッシュ・レイルに乗り、ファーナムの駅に着きます。そこから駅前に並ぶタクシーに乗って10分ほど、森の中の深い緑の中にその美しい建物、コンスタンス・スプライ・フラワースクールが佇んでいるのです。

コンスタンス・スプライ・フラワースクールは元高校の校長だったコンスタンス・スプライ女史が創設した花の学校。１９３４年の創設以来、イギリスで最古の伝統あるプロ養成を目的とした学校なのです。プロ養成以外にも主婦向けにフラワーアレンジと料理とを組み合わせた一日講座なども開いています。私もそのすばらしい環境の中で、クリスマスやハーブをテーマにした講座に何度か参加しました。

コンスタンス・スプライとの初めての出会いはロンドンで開かれていたフラワーアレンジメントの講座でした。

結婚してウィンブルドンに住み始めたのが3月末、これから花の季節を迎えようとする季節にフラワーアレンジを習ってみようと、それまで温めていた夢を実現することにしたのです。そして迷わず決めたのが、コンスタンス・スプライの現校長、ウィルキンソン先生が自ら教えてくれるという日本人を対象とした12回のコースでした。

花屋さんで買う高価な花ではなく、自分の庭で咲いた花にやはり庭や周辺にある緑の枝ものや葉を合わせて自分なりに花を飾る、そんな庭や自然の延長上にある花のあしらいがイギリス流であることをクックさんをはじめ身近なイギリス人の家庭から感じていました。花を生けることが特別なものではなく生活を楽しむものであることが、とても魅力的に思えていたのです。「こんなに緑を使うの？」そのレッスンでは、花を入れる前に枝や葉を使ってしっかりとその〝舞台づくり〟から始めます。これには緑の中に花が自然に咲いているように生けるという意味があり、自然を愛するイギリス人の心がそのままに生かされています。創設者であるスプライ女史もそもそもは花を育て、花を飾ることを楽しんでいた典型的なイギリスの一女性にすぎなかったのです。

芳しい オールドローズの花園

モティスフォント・アビー・ガーデンは、バラの季節の6月中は、毎日20時半まで開園時間を延長する。そのおかげで柔らかな夕陽に照らされ、いっそう芳しく香るバラの花園を堪能できる

オールドローズが咲き乱れる庭園

6月になるとバラの香りに引き寄せられるように訪れていた庭園、モティスフォント・アビー・ガーデン。国立公園であるニュー・フォーレストを南に控えたこの地は、田園地帯が一面に広がるのどかなところです。

アビーとついているだけあって、12世紀にはここは修道院でした。テスト川が流れ、名前の由来でもあるフォント「泉」が湧く清らかな水に恵まれ、豊かな土壌が周囲を囲み、ウィンチェスターからソールズベリーの町を結ぶノルマン人の造った道路が近くを通るという、修道院の暮らしにとっては最適な環境だったのです。

ところが16世紀に起こった宗教改革で修道院が崩壊し、修道院として使われていた建物は個人の所有となります。

１９３４年に所有者となったラッセル家が庭を現在の様子に近い状態に大きく改造したのですが、１９５７年に未亡人はこの田園的な美しさを守るためにナショナルトラストに建物、土地すべてを委ねます。そして自身はそのまま亡くなる１９７２年まで住み続けたのです。

１９７１年に未亡人がキッチンガーデンを使わなくなってから、野菜やハーブを植えていたその場所が、芳しきバラの花園へと変貌します。レンガの壁が周囲を囲み、敷地の中でも建物からいちばん離れたところにあるこの庭は、修道院にあった典型的なキッチンガーデンであったことを示しています。そのキッチンガーデンをオールドローズを保存するという目的で、ナショナルトラストのガーデン・コンサルタントであり、ガーデン史家であるグラハム・スチュアート・トーマス氏がデザインし、彼によるオールドローズのコレクションが植え込まれたのです。

ボックスの生垣で小道が縁取りされ、３００種ものオールドローズが花咲く光景は、足を一歩踏み入れた瞬間から心を奪われます。ガリカ種、ダマスク種のような有史以前から存在している古代のバラや、ナポレオンの妻、ジョセフィーヌがマルメゾンで育て、ルドウテが描いたことで知られるバラの品種も多く含まれています。「古いものを愛する心」オールドローズの香りにはそのすべてがこめられているようです。

春先のクロッカス、水仙も見所、キューガーデン

オーガスタ皇太子妃（ジョージ3世の母）が植物研究を趣味にしていたことから、1759年にリッチモンド宮殿の付属施設として小さな庭園が造られたのがキューガーデンの始まりといわれている。後に海外から持ち帰った植物をイギリスで栽培する研究所ともなった

春の訪れを告げるキューガーデンのクロッカス

凍てついた大地から、再び息づく生命を感じる季節、2月。まだまだコートは脱げず、寒い日が多いというのに、日差しは明るく輝きだし、春の訪れをその光の中に感じる季節。

そんな待ち遠しい春の訪れを告げるように咲き出すのがクロッカス。キューガーデンにはクロッカスの球根が多数植えられた一帯、ビクトリアゲートからウィリアム王の神殿とに挟まれた場所があります。冬の寒さを跳ね返すように、突き出るように咲くその花は、まるで手品のようにそれまでの芝生の緑を美しい紫色の絨毯へと変えてしまうのです。

この手品にはこんな種明かしがあります。１９８７年、リーダーズダイジェスト社が創立50周年を祝って１６０万個のクロッカスの球根をこの場所に植えました。さらに加えて75万個の球根を寄付したのです。

クロッカスが終わる頃、ラッパ水仙が咲き始め、5月のブルーベルへと続く春の花たちはキューガーデンの魅力でもあるのです。

田舎の夏の味 エルダーフラワー

初夏に野生で咲くエルダーフラワーの花は、レモンと合わせて夏のさわやかな飲み物となる。フラボノイドを含み、風邪の初期症状を和らげる。最近では瓶入りのシロップが輸入され、日本で市販されている

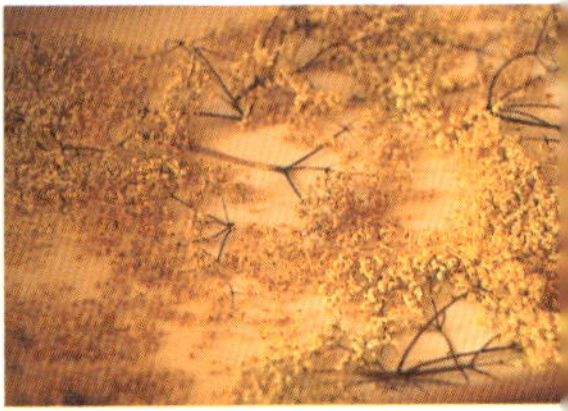

家庭のお菓子作りに大活躍するリンゴ

「1日1個のリンゴは医者知らず」というイギリスには古いことわざが残っているが、田舎の家々では必ずリンゴの木があるのはそのためだろうか？　原種であるクラブアップル、料理用のブラムリーというごつごつした青リンゴ、丸ごとかじるのに最適な小粒のコックス、多くの品種があって楽しい

テラスでのお茶が心地よいウィズリーガーデン

ウィンブルドンではフラット、日本でいうところのマンションに住んでいた我が家にとって、ウィズリーガーデンはまるで庭そのものでした。庭のテラスでランチやお茶がしたくなったら出かけ、散歩がしたくなったら出かけという、とても身近な場所だったのです。車でA3を南へ20分も走れば到着でき、しかも周囲は馬が草を食む緑が一面に広がっているようなのどかなところです。

ウィズリーガーデンは、チェルシー・フラワーショーなどを主催する王立園芸協会が管理・運営する植物園。会員になれば、メンバーズ・カードを見せるだけで入場でき、まさに自分の庭気分です。

植物園というと、植物を見るために出かけるという観念を日本では感じていましたが、ここではもっとリラックスした、緑の中のくつろぐ場所という意味合いが強いように思います。

ですから、このウィズリーには芝生の中に建つカフェテラス、レストランに食事やお茶だけの目的で来る人も多いのです。

カフェテラスはセルフサービスのカジュアルな雰囲気、芝生の上に並んだテーブルで思い思いに食事やお茶を楽しむことができます。娘が小さかったときは乳母車にのせて出かけ、屋外のランチを楽しんだものでした。

一方、レストランでは日曜日にはローストビーフにヨークシャー・プディングという正式なランチメニューまであり、男性はスーツ姿、女性はワンピースにハイヒールというきちんとした服装でテーブルにつく姿が見られます。食後には腹ごなしを兼ねた散歩も同じ場所でできるとあって、週末にはうってつけのレストランというわけです。

研修生を育て、植物の研究機関でもあるこの植物園では、リンゴでも何種類もが栽培されています。秋になるとずらりと並んだリンゴを試食できるアップル・テイスティングの催しも開かれます。きれいに整ったリンゴではなく、酸味と甘味がしっかりとした、昔ながらの小粒で素朴な味わいのリンゴばかりです。気に入ったリンゴを売店で量り売りで買い、家路につくのです。そのリンゴでアップルパイや、ざく切りにしたリンゴをケーキに混ぜ込んだアップルケーキを焼くのが楽しみでした。こんな郊外の、自然に近い暮らしが大好きです。

FUDGE
Pennine Way Preserves
Orange and Lemon
Marmalade
with Whisky
Medium Cut Peel
12oz. 340g
Ginger and Lemon
Marmalade
Marmalades
Whisky:- £1-05
Ginger:- £1·05
Seville Orange:- 90p
Grapefruit: 90p
Orange + Lemon: 80p
Pennine Way Preserves
Extra Jam HOME MADE RECIPE 12oz. 340g
Damson
CONSERVE
Bramble Seedless
CONSERVE
Rhubarb with Ginger
CONSERVE
MARGARET AND MARGOT HUMPHREYS
THE MARTINS, WALLACE LANE, FORTON, PR3 0BA
Jams:-

第7章

田舎で出会った お菓子と料理

田舎を旅すると、思いがけない、その土地ならではの味に出会うもの。それが大きな楽しみです。出会っては味わい、調べ、作ってみる。そんなふうにしてレシピが増えていきます。田舎で出会った田舎の味をご紹介します。

ヨークシャー・ラスカル

ファット・ラスカルとも呼ばれますが、ヨークシャー地方の「スコーン」といわれるお菓子。

聞きなれないラスカルという名は「ラスク」（丸い小さなケーキ）に由来しているとのこと。そもそもはヨークシャー・ムーア（荒野）に野生で咲くヒースが堆積してできる泥炭を燃料にした鉄板の上で焼いていたといいます。ムーアに自生するビルベリー（コケモモ）を生地に混ぜ込んでいましたが、今ではカラント（小粒のレーズン）を使うことが多いようです。

ヨークシャー地方に6店舗を構える老舗の「ベティーズ」では、温かい焼きたてのラスカルにバターを添えて、お茶の時間に楽しみました。

ベイクウェル・プディング

フランスのタルトタタンが失敗から生まれたお菓子であるように、このベイクウェル・プディングも、ジャムタルトを作るはずがパイ皮にジャムを先に塗ってしまって後からバターと卵のミックスを流したという失敗から生まれたもの。ダービシャーの町、ベイクウェルで偶然出会い、後からそんなおもしろい逸話があることを知ったお菓子です。ベイクウェルでは温かいカスタードソースを上からたっぷりとかけて、食後に楽しみました。ここではティータイムに楽しめるようなベイクウェル・プディングの「タルト版」をご紹介しています。

パーキン

ヨークシャー地方に伝わるジンジャーブレッドの一種。11月5日はイギリスでは「ガイ・フォークス」デーといい、国会議事堂を爆破しようとした一味を逮捕した祝いにボン・ファイヤーを焚き、花火を打ち上げる日となっています。その日はパーキンを食べるのがヨークシャー地方での昔からの習慣です。きっと首謀者ガイ・フォークスがヨーク出身であることにもかかわりがあるのでしょう。このレシピは湖水地方で「バックル・イート」に偶然泊まり合わせた、ヨークシャーに住んでいるイギリス人一家から教えてもらったものです。

トード・イン・ザ・ホール

「穴の中の蛙」というおもしろい名前のついた料理。ヨークシャー・プディングと同じたねをソーセージと共に大きな器に流し入れて焼くのが定番。ヘアズクーム邸を訪ねたとき、昼食用にその一皿をオーブンに入れるところに居合わせました。マフィン型で小さく焼くと、ソーセージの入ったパンのようになってもっと気軽に食べられます。ワインのお供にもぴったりです。

ポークとチェリーの煮込み・ローズマリー風味

花の館、コンスタンス・スプライ校で受けたハーブ料理の講座で習った料理。以来、我が家ではアメリカンチェリーの季節になると必ず作ります。よく作るので、そのためにチェリーの種抜き器を買ってしまったほどです。チェリーと豚肉との意外な組み合わせ、バターで炒めたチェリーはいっそう鮮やかな赤色になり、生で食べるよりもこくが出ます。ローズマリーのピリッとした香りも効いています。

Whig & Broccoli soup
ウィッグとブロッコリーのスープ

ポターの『「ジンジャーとピクルズや」のおはなし』に出てくるウィッグは、ホークスヘッドのティールームではパンのようにスープに添えられて軽食になる。今ではウィッグといえば「かつら」の意味だが、1700年頃からパンや菓子パンとして文献に表れている

ウィッグ

◯材料

薄力粉　250g
ベーキングパウダー　小さじ½
重曹　小さじ1
グラニュー糖　大さじ1
塩　ひとつまみ
プレーンヨーグルト　100cc
牛乳　100cc
キャラウェイシード　小さじ1

◯作り方

1. ボウルに粉類、塩を合わせてふるい入れ、グラニュー糖、キャラウェイシードも加えてよく混ぜる。
2. 1にプレーンヨーグルトと牛乳をよく混ぜ合わせて加えて、ゴムべらで切るように混ぜ合わせ、ある程度まとまってきたら、手でひとまとめにする。
3. ベーキングシートを敷いた天板にのせ、楕円形に形作る。中央にナイフで切り目を入れて、あらかじめ200℃に温めたオーブンに入れて、30分くらいこんがりと焦げ目がつく程度に焼く。

Whig & Broccoli soup

ウィッグとブロッコリーのスープ

ブロッコリーのスープ

○材料

ブロッコリー　1株

じゃがいも　1個

玉ねぎ　½個

牛乳　1カップ

水　2カップ

固形スープの素　2個

バター　大さじ2

塩・こしょう　各少々

○作り方

1. ブロッコリーの房は小房に切って洗い、軸は皮をむき細かく刻む。
2. じゃがいもは皮をむいて1cm角に切り、玉ねぎは粗みじん切りにする。
3. 鍋にバターを溶かし、ブロッコリーの軸とじゃがいも、玉ねぎを加え、次にブロッコリーの小房を加えて炒める、固形スープの素、水2カップを加え、やわらかくなるまで煮る 。
4. スープを冷まし、フードプロセッサーにかけてなめらかにする。
5. 鍋に戻して火にかけ（とろ火で焦げつかないように）、牛乳を加え、塩、こしょうで味をととのえる。

ジンジャーブレッドはサラ・ネルソンの店で売っているようなビスケットタイプのものとスポンジタイプのものとの2つに分かれる。南の国から運ばれてきたラム酒を混ぜ込んだラムバターも湖水地方名物

Ginger shortbread/Grasmere gingerbread

ジンジャー・ショートブレッド
グラスミア・ジンジャーブレッド

Ginger shortbread

ジンジャー・ショートブレッド

○材料

バター　75g

グラニュー糖　40g

薄力粉　75g

強力粉　40g

ジンジャーパウダー　小さじ1

塩　ひとつまみ

○作り方

1. 室温にもどしたバターをボウルに入れ、グラニュー糖を加えてよく練る。合わせてふるった粉、ジンジャーパウダー、塩を加え、へらでさっくりと混ぜ合わせる。
2. 粉っぽさがなくなって全体が均一な感じになったらひとまとめにする。
3. 5㎜厚さにのばし、好みの型で抜き、天板に並べる（写真は湖水地方にちなんで羊のクッキー型で抜いたもの）。
4. 180℃にあらかじめ温めておいたオーブンで、15～20分しっかり焼く。焼けたら網の上にのせて冷ます。

湖水地方、グラスミアにあるサラ・ネルソンの店のジンジャーブレッドのレシピは企業秘密で、銀行の金庫の中に大切に保管されているとのこと。けれどもその味わいから想像したレシピが、イギリスのお菓子の本の多くに紹介されていておもしろい。スコットランド生まれのショートブレッドにもジンジャーの風味を加えると一味違った味わいになる

Grasmere gingerbread
グラスミア・ジンジャーブレッド

○材料(18cm角型1個分、12個に切り分ける)
薄力粉　170g
ジンジャーパウダー　小さじ1
重曹　小さじ¼
無塩バター　90g
三温糖　90g
塩　ひとつまみ
○作り方
1. 薄力粉、ジンジャーパウダー、重曹、塩を合わせてボウルにふるい入れる。冷蔵庫で冷やしておいたバターを小さく刻んで加え、ふわふわのパン粉状になるように手早く指先で粉類となじませる。三温糖を加えてよく混ぜる。
2. 角型の底にベーキングシートを敷いておく。そこに1の¾量を広げ、指先で押さえつけるようにして、ぎゅっと敷き詰める。その上に残りのたねを全体にふりまくようにしてふんわりとのせる。焼いてから切り分けられるように12等分になるようにナイフで筋をつけておく。
3. あらかじめ180℃に温めたオーブンで約30分、表面がうっすらときつね色になる程度に焼く。温かいうちに筋をつけたところにナイフを入れて切り分ける。完全に冷ましてから密閉容器などに入れて保存する。

Yorkshire Rascals
ヨークシャー・ラスカル

Toad in the Hole

トード・イン・ザ・ホール

Yorkshire Rascals

ヨークシャー・ラスカル

◯材料

(直径6cmくらいの
円形のもの6個分)

薄力粉　150g

ベーキングパウダー　小さじ½

シナモン　小さじ½

ナツメグ　小さじ¼

塩　ひとつまみ

無塩バター　70g

(1cm角に切って冷蔵庫で
冷やしておく)

グラニュー糖　45g

レーズン　70g

卵　½個

牛乳　25cc

飾り用

卵黄　1個分

水　大さじ1

ドライクランベリー　適宜

アーモンドホール皮むき　適宜

＊温かいものにバターを添えていただく。冷凍も可能だが、必ずオーブンまたはオーブントースターで温めてからいただく。

◯作り方

1. 薄力粉、ベーキングパウダー、塩、シナモン、ナツメグを合わせてボウルにふるい入れる。バターを加え、ナイフでさらに細かく刻み、両手ですり合わせるようにしてパン粉状になるようにすり混ぜる。
2. グラニュー糖、レーズンを加えてよく混ぜ合わせる。卵と牛乳をよく混ぜ合わせたものを加えて、ひとまとめにする(ここまでをフードプロセッサーで作ることもできる)。
3. 6等分に分け、丸く形作る。天板に並べ、上面を押しつぶすようにして、平らにする。卵黄を水で溶いたものを刷毛で塗り、ドライクランベリー、アーモンドを飾りつける。
4. あらかじめ200℃に温めておいたオーブンで表面がきつね色になる程度に15〜20分焼く。

Toad in the Hole
トード・イン・ザ・ホール

◯材料
薄力粉　125g
塩　小さじ½
こしょう　少々
卵　2個
牛乳　150cc
水　150cc
タイムの葉　少々
ウインナー　適宜
グレープシードオイル
またはサラダ油　適宜

＊マフィン型は普通サイズのもので焼けば、軽食用にパン代わりのサイズになり、ミニマフィン型で焼けば一口サイズの前菜用になる。

◯作り方
1. ボウルに薄力粉、塩、こしょうを合わせてふるい入れる。卵を溶きほぐしたものを加えて泡立て器で混ぜ、なじんだところで牛乳と水を合わせたものを加えてよく混ぜる。タイムの葉を加える。
2. マフィン型に底から5㎜くらいの高さまで油を入れる。ウインナーを1cm厚さ程度に切ったものを入れて、あらかじめ220℃に温めておいたオーブンに入れる。
3. 2分ほどして油が熱して煙が立つくらいになったら、型を取り出し、1のたねをお玉などを使って型の八分目程度まで注ぎ入れる。オーブンに戻し、10〜15分ほど、シュークリームの皮のようによく膨らんできつね色になるまで焼く。すぐに取り出すとしぼんでしまう場合があるので、オーブンの火を止めてから2、3分おいてオーブンから取り出すようにする。

Apple cake
アップルケーキ

Bakewell Tart
ベイクウェル・タルト

Apple cake

アップルケーキ

○材料(直径20cmのリング型1個分または18cmの丸型1個分)
無塩バター　120g
グラニュー糖　120g
アーモンド粉　50g
薄力粉　70g
ベーキングパウダー・シナモン
　各小さじ1
塩　ひとつまみ
卵　2個
リンゴ　小2個（紅玉がおいしい）
ラム酒　小さじ1
強力粉　少々

ラベナム村にあるティールームで味わったアップルケーキ。あまりのおいしさに店の人に頼んでレシピを教わった。田舎のティールームではそんなお願いにも心よく応えてくれるところがうれしい

○作り方
1. リンゴは皮をむき、4つ割りにしていちょう切りにしておく。型にはバター(分量外）を塗り、強力粉をまぶして冷蔵庫で冷やす。
2. ボウルにやわらかくしたバターを入れ、泡立て器でクリーム状にする。
3. グラニュー糖を2、3回に分けて加え、そのつどよくすり混ぜる。
4. ふわふわの状態になったら、卵を溶きほぐして2、3回に分けて加え、よくすり混ぜる。
5. アーモンド粉を加え、薄力粉、ベーキングパウダー、塩、シナモンを合わせてふるい入れる。ゴムべらで切るように混ぜ、途中でリンゴ、ラム酒を加え、ざっくりと混ぜ合わせる。型に流し入れ、あらかじめ180℃に温めておいたオーブンで約30分焼く。竹串を刺してみて何もついてこなければでき上がり。粗熱を取ってから型からだし、金網にのせて冷ます。

＊焼きたてのケーキに温かいカスタードソースをかけてデザートに。

Bakewell Tart

ベイクウェル・タルト

◯材料(直径21cmのタルト型1個分)

・リッチショートクラスト・ペストリー

薄力粉　125g

無塩バター　75g

グラニュー糖　大さじ½

卵黄　½個分

冷水　大さじ1

・フィリング

無塩バター　90g

グラニュー糖　70g

卵　2個

アーモンドエッセンス　3滴

アーモンド粉　65g

薄力粉　40g

ラズベリージャム　大さじ2〜3

◯作り方

1. ショートクラスト・ペストリーを作る。薄力粉をふるってボウルに入れ、そこに1cm角に切り、冷やしておいたバターを加え、粉をまぶしながらスケッパーで刻む（バターがあずき粒大になるまで)。手のひらをすり合わせるようにしてバターと粉をパン粉状になじませる。グラニュー糖を加える。卵黄と冷水をよく混ぜ合わせて加え、ゴムべらで切るように混ぜる。1つにまとめてラップ材で包み、冷蔵庫で最低1時間、できれば一晩ねかせる(ここまでをフードプロセッサーで作ると簡単にできる)。
2. 生地を2.3mm厚さにのばす。型に敷き込み、ベーキングペーパーを敷き、その上に豆や米をのせて重石をし、あらかじめ180℃に温めたオーブンで10分ほど空焼きし、重石を取り除いてさらに5分焼き、冷ます。
3. フィリングを作る。ボウルにやわらかくしたバターを入れ、泡立て器でクリーム状にし、グラニュー糖を加えてすり混ぜる。溶いた卵を2、3回に分けて加え、すり混ぜる。アーモンドエッセンス、アーモンド粉、薄力粉をふるったものを順に加えてゴムべらで混ぜ合わせる。
4. 2の空焼きしたタルトの底にラズベリージャムを塗り、その上から2のたねを流し入れる。オーブンに入れ、約35分竹串を刺してみて何もついてこなくなるまで焼く。

Apple pie with blackberry
リンゴとブラックベリーのパイ

Parkin

パーキン

Apple & Blackberry Pie

リンゴとブラックベリーのパイ

○材料(直径18cmの丸型1個分)
・リッチショートクラスト・ペストリー
p.185の分量参照
・フィリング
リンゴ（紅玉がおいしい） 2個
洗双糖またはグラニュー糖　大さじ4
ブラックベリー　100g
卵黄　1個分
アーモンド粉　大さじ3
・飾り用
卵白　1個分
角砂糖（茶色のものがよい） 4個

ウィズリーガーデンで買ってきた小粒のリンゴ（p163）でよく作ったのがアップルパイ。最近ではパイ型を使わずにパイ皮でリンゴを包むようにした焼いたものも人気がある。生のままのリンゴを使うので、リンゴの味が活きる

○作り方
1. リッチ ショートクラスト・ペストリーを作る（p185参照)。
2. リンゴは皮をむき4つ割りにしていちょう切りにし、グラニュー糖、ブラックベリーと合わせておく。
3. ペストリーを麺棒で直径約21cmほどの大きさにのばす。オーブンシートを敷いた天板に移し、中央のリンゴをのせる部分（直径18cmの円形）に卵黄を溶いたものを刷毛で塗る。その上にアーモンド粉を広げる。さらにその上に2をこんもりとのせる。
4. 周囲の生地をリンゴとブラックベリーを包み込むようにして折り重ねる。途中破けてしまっても気にせずに折り重ねてしまう。
5. 卵白をフォークで軽く泡立てたものを折り重ねた生地の部分に刷毛で塗り、粗く砕いた角砂糖をその上にふりかける。
6. 180℃に温めたオーブンに入れ、約30分こんがりと焼く。

＊ブラックベリーを加えず、リンゴだけでシナモンをまぶして作ってもおいしい。

Parkin

パーキン

◯材料(18cm角型)
薄力粉　200g
ベーキングパウダー　小さじ½
重曹　小さじ1
三温糖　100g
ジンジャーパウダー　小さじ2
無塩バター　100g
牛乳　150cc
蜂蜜　大さじ2
卵　1個
クルミ　50g（電子レンジでカラリとさせてから刻む）
　　　　＋30g（飾り用）

◯作り方

1. 型にベーキングシートを敷いておく。
2. 鍋にバターを入れて弱火で溶かし、蜂蜜、牛乳を加えて温める。
3. ボウルに薄力粉、ベーキングパウダー、重曹、ジンジャーパウダーをふるい入れる。三温糖も加える。
4. 2を加えてよく混ぜる。最後にクルミと溶きほぐした卵を加えてさらによく混ぜる。
5. 用意した型に流し入れ、上に飾りのクルミをのせる。あらかじめ180℃に温めておいたオーブンで30分ほど焼く。竹串を刺してみて何もついてこなければでき上がり。網にとって冷ます。

Quiche of cresson

クレソンのキッシュ

Stewed pork with cherry
ポークとチェリーの煮込み・ローズマリー風味

Quiche of cresson

クレソンのキッシュ

ガーデンめぐりの途中に立ち寄るティールームでの軽い昼食にはキッシュが定番。ウィズリーガーデンの中のテラス（P164、165）でもセルフサービスでキッシュにサラダを盛り合わせた一皿をよく味わった

○材料
(直径21cmのタルト型)
・ショートクラスト・ペストリー
薄力粉　110g
無塩バター　50g
塩　ひとつまみ
冷水　大さじ1〜1½
(P185のグラニュー糖は省く)
・フィリング
クレソン　2束
玉ねぎ½個
卵　2個
牛乳　140cc
生クリーム　200cc
バター　20g
塩・こしょう　各少々
ナツメグ　少々

○作り方

1. ショートクラスト・ペストリーを作る（p185の作り方を参照）。生地を取り出し、型の直径より高さの分を加えた分を考えて大きくのばす。
2. 型に貼りつけるようにして敷き込み、余分な生地を切り取る。焼くと生地が縮むので、型より少し高く指でなじませておくとよい。底一面にフォークで空気穴をあけ、卵黄（分量外）を溶いて刷毛で塗る。あらかじめ170℃に温めておいたオーブンに入れ、15分ほど空焼きする。
3. フィリングを作る。クレソンは水洗いし、葉のついた茎の部分をボウルに入れ、上から熱湯を注ぐ。ふたをして1分間おき、ざるにとって冷水をかける。水切りをして細かく切っておく。玉ねぎはみじん切りにしておく。
4. フライパンを熱してバターを溶かし、玉ねぎを透明になる程度に炒め、クレソンを加えて炒め、塩、こしょう、ナツメグで味つけをする。空焼きしたタルト型に平らにのせる。
5. ボウルに卵、牛乳、生クリームをよく混ぜ合わせたものを4の上から流し入れる。
6. 180℃のオーブンで約40分、表面を触ると弾力があり、きつね色になるまで焼く。

Stewed pork with cherry

ポークとチェリーの煮込み・ローズマリー風味

材料(4人分)
豚ヒレ肉　600g
塩・こしょう　各少々
バター　45g
玉ねぎ　1個
パプリカ　小さじ2
薄力粉　小さじ2
白ワイン　110cc
水　150cc
固形スープの素　1個
ローズマリーの葉　小さじ½（刻んだもの）
レモン汁　少々
アメリカンチェリー(または冷凍チェリー) 200g
◯作り方
1. ヒレ肉を1cm厚さに切り、すりこぎなどを使って薄く平らにしてから塩、こしょうをふっておく。
2. フライパンにバター30gを溶かし、1のヒレ肉を加えて焦げ目を両面につけるように焼いて取り出す。
3. このフライパンにみじん切りにした玉ねぎを加えて透き通るくらいに炒めたらパプリカ、薄力粉を加えて軽く炒める。白ワインを加えてのばし、水と固形スープの素、ローズマリーを加えて一煮立ちさせる。ヒレ肉を戻し、弱火で火が通るまで煮込む。最後にレモン汁を加え、塩、こしょうで味をととのえる。
4. 食べる直前に種を取り除いたアメリカンチェリーをバター15gで炒めて3に加える。

ナショナルトラストの会員になるには

ナショナルトラストには日本に帰ってからも引き続き会員になっています。

その趣旨に大いに賛同していることと、イギリスでその庭や自然を楽しませてもらっていることへの気持ちばかりの感謝のつもりです。更新の仕方がいかにもイギリス的というか、次の年の会費を払うための用紙にすでに新しい会員証が同封されて送られてくるのです。カードでの支払いが可能というのも便利です。［2010年現在個人会員の年会費48・5ポンド（約9千円）］

年4回会報が送られてきますが、その記事でレッドハウスのガイド付き一般公開のことをいち早く知ることができ、イギリスに出かける前に日本から電話で見学の予約ができたのでした。

会員に送られるナショナルトラストのハンドブックとウィズリーガーデンの会員証と月刊誌『ガーデン』

ポターのことをもっと知りたいなら

ビアトリクス・ポター・ソサエティーは、イギリスでポターを研究してきた専門家たちによって１９８０年設立されました。ポターの生涯、作品と功績を研究し、理解することがその目的です。年4回発行されるニューズレター、２年に一度湖水地方で開かれる「国際スタディー・コンフェランス」、ポターにちなんだ場所への旅行など積極的に活動しています。会費は２０１０年現在年25ポンドですが、日本に住んでいるとクリスマスパーティーや遠足、講演会に参加できないのが残念です。昨年、埼玉県東松山市に大東文化大学　ビアトリクス・ポター資料館が開館し、ニューズレターでも取り上げられました。

○ビアトリクス・ポター・ソサエティーhttp://www.beatrixpottersociety.org.uk/

ヒルトップのショップでは他では売られていない小物や資料がある。ウェッジウッド社製の時計はここで購入した

大東文化大学 ビアトリクス・ポター資料館（埼玉県こども動物自然公園内）
Tel：0493-31-1511

ハーブガーデンのことをもっと知りたいなら

私が日本からの会員第1号になったハーブソサエティー。

終身会員となっているので、毎年の更新の必要もありませんが、会員になると年4回の会報誌『Herbs』が送られてきます。

せっかく日本から会員となってもイギリスで開かれるレクチャーやハーブガーデン訪問など魅力的な催しに参加できないのは残念ですが、日程さえ確認しておけば旅行でイギリスに行ったときに参加するという楽しみはあります。2006年9月にフードライターであり、ハーブや野菜を得意とする料理家でもあるソフィー・グリグソン氏が会長に就任したので、私としては大いに楽しみにしているところなのです。

○ハーブソサエティー　http://www.herbsociety.co.uk

訪ねたところのパンフレットなどは後からでは買えないので、必ずその場で買って帰ることにしている

田舎めぐりのアクセスは

イギリスの田舎をめぐるときは電車やバスなどの公共の交通手段ではなかなか思うように動けません。レンタカーで回らないとどうしても難しいところです。そこで必要なのが道路などがわかりやすく載っている地図。我が家で愛用しているのはAAのRoad Atlasです。

そしてケント、コッツウォルズなど地方別の地図として活躍しているのがゴールデンアイ社（Goldeneye）から出ているもの。折りたたみ式になっていて一面が地図、その裏面にはその地方の遺跡、建築物や庭園、小さな村など訪れたい場所のリストと解説が載っていて、とてもわかりやすいのです。今でもイギリスへ行くときにはこれらの地図を携えて出かけます。

◯ゴールデンアイ（地図）　http://www.goldeneyemaps.com

ポストカードもコレクションの1つ。これは湖水地方に伝わるレシピが書かれたおもしろいもの

コッツウォルズMAP

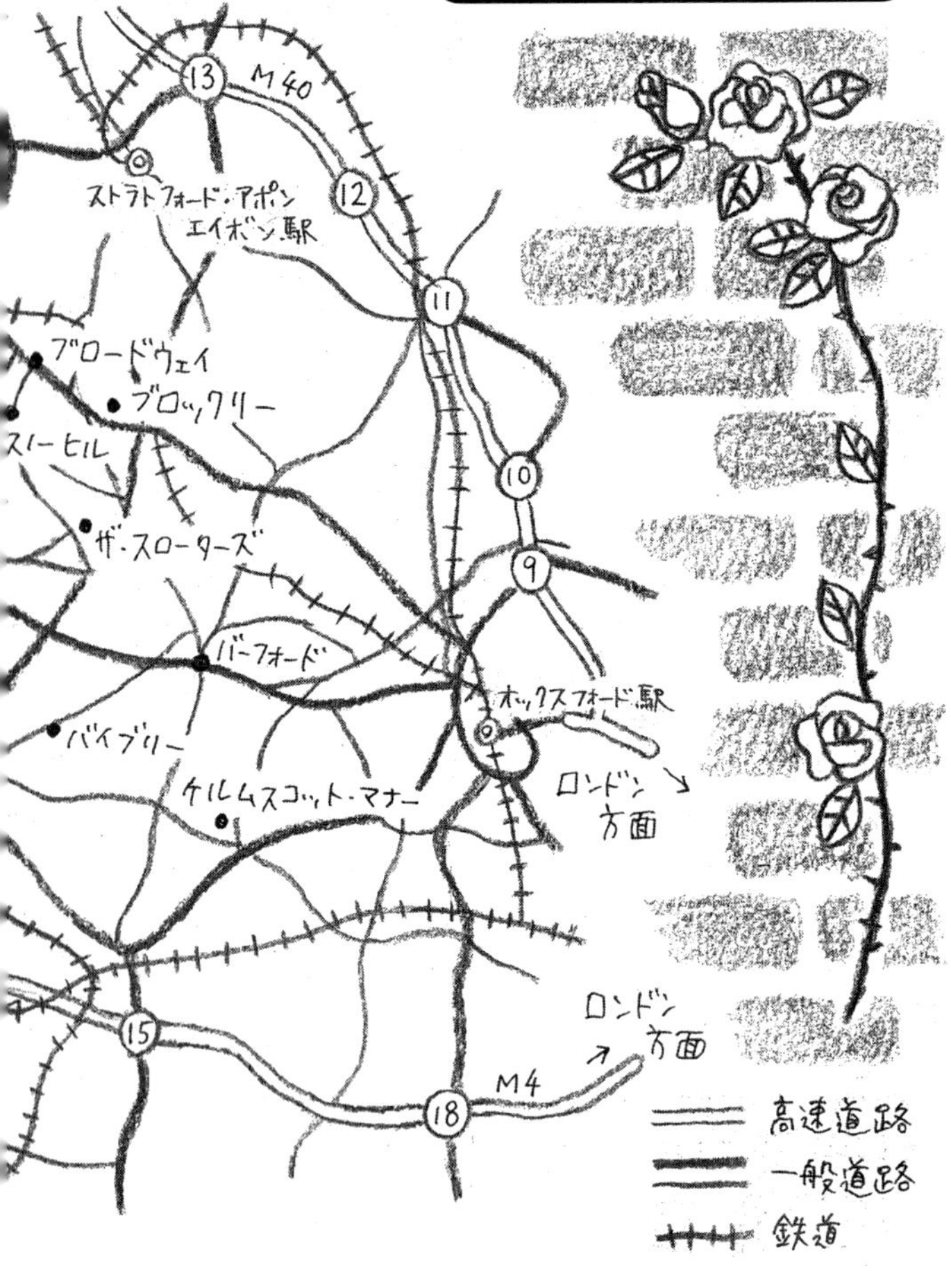

13
M40
12
ストラトフォード・アポン
エイボン駅
11
ブロードウェイ
ブロックリー
スノーヒル
10
ザ・スローターズ
9
バーフォード
オックスフォード駅
バイブリー
ケルムスコット・マナー
ロンドン
方面
ロンドン
方面
15
M4
18
高速道路
一般道路
鉄道

6
7
8
9
10
11
M50
チェルト
ナム
グロスター
13
14
M5
20
19
16
17
カッスル・
クーム
レイコッ
バース
ブラッドフォード・オン・エイボン

デボン州
ホニトン
コッキントン
トーキー
ウィディコム・
イン・ザ・モア
ダートマス
サルコム
カンタベリー
ディール
アシュフォード
ライ

デボンMAP

POOH
BRIDGE

ケント サセックスMAP

サセックス
ケント
ロンドン
レッド
ハウス
サウス・ダウンズ
コンスタンス
スプライ
ターンブリッジ・ウェルズ
ハートフィールド
スタンデン
モティスフォント
ウィルミントン
アルフリストン
サウザンプトン
ポーツマス
ルイス
ブライトン

イギリスの田舎を歩くための旅情報

インターネットの普及でイギリスの情報でも家に居ながらにして手に入る時代になりました。資料集めや、訪ねたい場所の休業日や開館時間などの確認から、ホテルやB&Bの予約にいたるまで旅の準備には今やインターネットが欠かせません。そこでここでは本書に取り上げたところに関してはホームページアドレスを紹介します。

イギリスについての旅の基本情報から各地のエリア情報など最新情報を見ることができるので、まずこのサイトから始めるのがお勧めです。

◆**英国政府観光庁**　http://www.visitbritain.jp

ヒルトップ、レッドハウスなどナショナルトラストの所有となっているものはこのサイトで調べられます。

◆**ナショナルトラスト**　http://www.nationaltrust.org.uk/main/

湖水地方

◆**湖水地方ジャパン・フォーラム（日本語のサイト）**
http://www.kosuichihou.com
◆**カンブリア観光局**　http://www.golakes.co.uk
◆**マウンテン・ゴート**　http://www.mountain-goat.com
◆**パーク・ツアーズ&トラベル**　http://www.parktours.co.uk
◆**バックルイート（B&B）**　http://www.buckle-yeat.co.uk
◆**ハイ&ロー・ローンスウェイト・ファーム**
http://www.lakedistrictfarmhouse.co.uk
◆**ユーツリー・ファーム**　http://www.yewtree-farm.com
◆**イングリッシュ・レイクス・ホテルズ（ストールズ・ホテル）**
http://www.elh.co.uk/japanese/storrshall.php
◆**グラスミア・ジンジャーブレッド**
http://www.grasmeregingerbread.co.uk
◆**カートメル・スティッキートフィープディング**
http://www.stickytoffeepudding.co.uk
◆**ベティーズ**　http://www.bettysandtaylors.co.uk

コッツウォルズ地方

◆コッツウォルズ観光局（日本語のサイトあり）
http://www.the-cotswolds.com
◆ケルムスコット・マナー
http://www.kelmscottmanor.co.uk
◆スノーヒル・ラヴェンダー・ファーム
http://www.snowshill-lavender.co.uk
◆ミル・ディーンB&B
http://www.milldene.co.uk
◆バーフォードハウス
http://www.burford-house.co.uk
◆リゴン・アームズ
http://www.paramount-hotels.co.uk/lygonarms
◆エリザベス・オーチャードさん
http://www.elizabethorchard.com/bath/bath.htm

デボン地方

◆デボン観光局
http://www.discoverdevon.com

ケント、サセックス地方

◆アッシュダウン・パークホテル
http://www.ashdownpark.co.uk
◆プーコーナー
http://www.pooh-country.co.uk
◆サウス・ダウンズ
http://www.southdownsonline.org

ロンドン郊外

◆キューガーデン
http://www.kew.org
◆コンスタンス・スプライ
http://www.constancespry.com
◆ウィズリーガーデン
http://www.rhs.org.uk/gardens/wisley

おわりに

イギリスの田舎が長い歴史を讃えているように、訪れる者もその深さを味わうためには時間がかかるような気がしています。湖水地方だけでも20年来何度も出かけていますが、行くたびに、訪れるたびに新たな発見があり、感動があり、また調べることも楽しみの1つで、調べてはまた出かける。そうして長年温めてきたものをこの本では表したつもりです。それでもイギリスの田舎はまだまだ尽きない魅力を秘めています。ガイドブックのような、美しいところ、有名なところを紹介する本としてではなく、あくまでも私が興味を持ち、私が歩いて感じたイギリスの田舎をお伝えすることができたらうれしく思います。写真も今まで何年もかけて私自身が撮りためてきた山ほどのスライドの中から選びました。昨年イギリスに行って撮ったものもあれば、何年も前に撮った懐かしいものも混ざっています。

自然や建物がそのまま残されているだけに、そこに住まう人が移り変わっていく、人の命のはかなさを感ぜずにはいられません。湖水地方で決まって泊まっていたホテル、イーストワイクホテルのオーナーであったウィリアムズ夫妻は引退してもういません。古い農家からすべて自分たちの手で改装した素敵な家に住んでいたサンダース夫妻もドーセット州に新しい家を建てて引っ越してしまいました。湖水地方が観光客の増加で騒がしくなったからというのが理由です。アスコット村のクック家もご主人のアーサーさんが亡くなってからはアスコット村を離れ、小さな家に引っ越してしまいました。ホームステイをしたストラウドの丘の上に建つハーブ園のウィンペリス夫妻も引退して、もはやそこには住んでいません。イギリスの田舎は永遠でも、あの場所のあの時間はもはや戻ってこない、いつまでも同じではないのです。

前作の『イギリスのお菓子　楽しいティータイムめぐり』に続いて、イギリスの田舎について全面的に理解をしていただき、すすめてくださった編集部の北浦佳代子さんには心から感謝しています。またお菓子などの撮影をしてくださった奥谷仁さんにもお礼を申し上げます。

２００７年　初春

北野佐久子

きたの　さくこ●
東京都出身。立教大学在学中からハーブに目覚め、日本人で初めてハーブソサエティーの会員に。渡英しハーブ園にホームステイしながら研究に励む。帰国後、ハーブの使い方やイギリスの料理とお菓子を紹介。結婚と同時に再渡英し4年間をウィンブルドンで暮らす。1女の母となって帰国し、イギリス文化を紹介。著書に「イギリスのお菓子　楽しいティータイムめぐり」「幸福なイギリスの田舎暮らしをたずねて」（集英社be文庫）「基本ハーブの事典」（東京堂出版）「ビアトリクス・ポターを訪ねるイギリス湖水地方の旅」（大修館書店）などがある。
今田美奈子「ムースの会」会員　ホームページhttp://www.sakuko.com

撮影　北野佐久子　奥谷 仁（P171～197）
イラストマップ　当房優子
カバーデザイン　藤村雅史　本文デザイン　原田暁子
協力：Mr.Chris Dee、Mrs,Kirstie Sobue,

美《うつく》しいイギリスの田舎《いなか》を歩《ある》く!

著者　北野佐久子
発行日　2007年1月24日　第1刷発行
　　　　2016年8月13日　第5刷発行

発行者　田中　恵
発行所　株式会社　集英社
　　　　〒101-8050　東京都千代田区一ツ橋2-5-10
　　　　（編集部）　03(3230)6289
電　話　（販売部）　03(3230)6393（書店専用）
　　　　（読者係）　03(3230)6080
印　刷　凸版印刷株式会社
製　本　凸版印刷株式会社

 ISBN978-4-08-650124-8
定価はカバーに表示してあります。